한국기독교의 부흥을 이끈 순교자

거룩한 순교자

지효봉 ● 이중택 목사 공저

도서출판 한글

책 앞에

　우리나라는 1865년 영국의 토마스 선교사가 처음으로 신교 선교사로 파송되어 이 땅에 복음의 씨를 뿌림으로써 기독교 국가로 성장하였다. 토마스 선교사는 1965년 황해도 장연 부근에서 약 2개월간 포교를 하고 북경으로 귀환하였다가 이듬해 미국의 무역선 셔먼호(Sherman)에 편승하여 건너왔으나 대동강에서 평양 관원에게 체포되어 순교 당하고 말았다. 그 후 평양에는 순교기념 예배당이 건립되었고 그 거룩한 순교의 피는 한국을 기독교국가로 만드는 한 알의 밀알이 되었다.

　그 후 하나님을 믿는 성도와 지도자들이 수없이 많은 핍박을 받으며 순교를 당하였다. 그 가운데 최권능 목사를 비롯하여 김익두, 주기철, 손양원 목사가 순교의 피를 흘렸고 김대건 신부와 아펜젤러, 언더우드 선교사가 모두 희생되었다. 그들뿐 아니라 전국 방방곡곡에서 이름도 없이 빛도 없이 순교의 피를 흘린 성도들이 부지기수지만 그 가운데 많은 성도들을 감화 감동시킨 최흥종 목사와 강순명 목사, 김현봉 목사, 방애인 선생의 순교기록을 더하였다.

발행인 심혁창

목 차

책 앞에……/ 3
제1부……/ 9
1. 초대 선교사 토마스 목사의 순교……/ 11
　　하나님의 부르심을 받고……/ 12
　　다시 한국 땅으로……/ 17
　　이 땅에 뿌린 거룩한 피……/ 22
2. 예수에 미친 최권능 목사의 순교……/ 27
　　꺼지지 않고 메아리치는 예수 천당……/ 27
　　전화위복이 된 귀양살이……/ 31
　　신학생 시절……/ 34
　　전도에 얽힌 비화……/ 39
　　내가 앞장서지요……/ 44
3. 부흥사 김익두 목사의 순교……/ 47
　　능력의 사자 김익두 목사……/ 47
　　놀라운 부흥……/ 52
　　일제 치하에서……/ 56
4. 주기철 목사의 순교……/ 68
　　창원의 신동으로……/ 68
　　양떼를 이끌고……/ 73
　　. 닥치는 시련……/ 80
　　승리의 십자가……/ 86

제2부 ……/ 93
1. 손양원 목사 삼부자 순교 ……/ 95
    애양원의 2세들 ……/ 96
    어린 만두 장수 ……/ 101
    동문서답1 ……/ 104
    부자의 순교1 ……/ 108
2. 김대건 신부의 순교 ……/ 116
    빛과 어둠의 싸움 ……/ 117
    험난한 유학의 길 ……/ 121
    한국 최초의 신부1 ……/ 126
    고국에 뿌린 선혈1 ……/ 132
3. 한국 초대감리교 선교사 아펜젤러 목사 ……/ 136
    복음의 메신저 ……/ 137
    위대한 결심 ……/ 141
    해방의 사도 ……/ 146
    수난의 순직 ……/ 153
4. 장로교 초대 선교사 언더우드 목사 ……/ 156
    입궐하는 마상(馬上)의 여의(女醫) ……/ 156
    제물포의 낯선 손님 ……/ 160
    이역의 하늘 아래서 ……/ 164
    고아들의 아버지 ……/ 170
    신혼여행 겸 전도 여행 ……/ 172

제3부 ······ / 179
1. 성자가 된 깡패 - 최홍종 목사 ······ / 180
2. 한국의 프랜시스 -강순명 목사 ······ / 190
　　　　　회심과 전도 소명 ······ / 193
　　　　　독신 전도단 운동 ······ / 196
　주님을 향한 강순명의 기이한 행적과 열심! ······ / 201
3. 조선의 성자 - 이세종 선생 ······ / 203
4. 지극히 작은 자의 친구 - 김현봉 목사 ······ / 211
　　　　멋진 교회 대신 가난한 교인 집 마련 ······ / 211
　　　　　허세 용납 않은 '사랑의 사도' ······ / 214
5. 거리의 성녀 - 방애인 선생 ······ / 218
　　　　　　거리의 성자 방애인 ······ / 219
　　　　　때 묻지 않은 신여성, 방애인 ······ / 220
　　　　교회를 위해 봉사하는 교회의 사람 ······ / 225
　　　　　가는 곳마다 복음의 사도되어 ······ / 226
　　　　　선생님, 선생님, 우리 선생님! ······ / 227
　　　　　　　　거리의 성자되어 ······ / 228
　　　　　주 여자 기독청년회(1929) ······ / 230

부록 ····· / 235
1. 평생 잊을 수 없는 신비의 사건 ····· / 236
2. 대전 형제 쌍 장례식 이야기 ····· / 243
3. 부산 당감동(화장장) 이야기 ····· / 247
4. 교회 못 가게 아내 머리까지 자른 남편이 장로가
   되다 ····· / 252

제1부

1. 초대 선교사 토마스 목사의 순교……/ 11
2. 예수에 미친 최권능 목사의 순교……/ 27
3. 부흥사 김익두 목사의 순교……/ 47
4. 주기철 목사의 순교……/ 68

1
초대 선교사 토마스 목사의 순교

로버트 토마스(Robert Thomas;1839-1866) 선교사.

그는 서슬 퍼런 대원군이 기독교를 탄압하기에 혈안이 되어 있던 시대, 그야말로 기독교의 황무지인 우리나라에 광명의 빛을 던져준 민족의 은인이다.

성경을 배에 싣고 황해를 건너오다 두 번이나 조난을 당해 사투했으며 사랑하는 아내의 죽음을 맛보아야 했던 청년 목사, 그는 대동강 어귀에서 성경을 나눠주다 포악한 관군의 손에 순교를 당했다. 그의 거룩한 피는 이 땅에서 수천수만의 결실로 열매가 되어 이 민족을 복음으로 구원하게 하였다.

토마스 선교사는 영국의 신교파 선교사로 중국 포교의 명을 받아 상해와 북경과 한국 등지에서 전도하다가 1865년에 황해도 장연 부근에 상륙하여 약 2개월간 포교하고 북경으로 귀환하였다.

이듬해 미국의 무역선 셔먼호(Sherman)에 편승하여 건너왔으나 대동강에서 평양 관원에게 체포되어 1866년 학살 당하였다. 그 후 평양에 순교기념 예배당이 건립되었다.

1. 하나님의 부르심을 받고

토마스 목사는 1839년 9월 7일 영국 웨일스에서 이곳 교회 목사로 사무하고 있던 로버트 토마스의 둘째 아들로 태어났다. 하나님은 모태에서부터 교회 드나들며 경건한 신앙 가운데서 자란 토마스를 한국 선교에 큰 그릇으로 지목하여 그로 하여금 1865년 신앙의 황무지와 같은 한국 땅에 처음으로 신교의 선교사로 파송했던 것이다.

토마스는 부친의 뒤를 이어 일생을 주의 종으로 헌신하기 위해 런던 대학 신학부를 졸업하고 1863년 6월 4일 스코틀랜드의 에버가메니에 있는 하노버 교회에서 목사 안수를 받고 런던 교회의 중국 선교사로 임명되었다. 두말할 것도 없이 중국대륙에 복음의 씨를 뿌려야겠다는 불타는 신앙심에서였다.

당시의 중국은 청나라 말기로 외국의 손길이 물밀듯 밀려오고 도처에서 군중이 활개를 쳐 매우 어수선한 때였다. 토마스는 선교의 기반으로 의료사업을 일으키기 위해 18개월 동안 의학과 중국어를 공부하고 1863년 7월 부인과 함께 정든 고향 스코틀랜드를 떠나 그 해 12월 임지인 상해에 도착했다. 그때 그의 나이는 23세 젊은 청년이었다.

기독교는 이미 로버트 모리슨 선교사를 위시해서 여러 선교사들의 꾸준한 노력으로 중국에 차츰 기반이 잡혀 가고 있었다. 상해 기후는 연약한 미국 여인에게는 너무나 무덥고 탁하여 토마스의 아내는 자주 병석에 눕게 되었으며 한 달도 못 되어 아내는 몹시 수척하였다.

토마스는 생각하다 못해 아내를 요양시키기 위해 거처를 마련하러 떠났다. 그러나 기어이 비극은 닥치고 말았다. 토마스가 중국의 도시로 떠난 지 며칠이 못 되어 그의 아내는 남편의 얼굴도 보지 못하고 쓸쓸히 이역만리 상해 병상에서 세상을 떠나고 말았다.

아내의 죽음은 토마스에게 적지 않은 충격과 고통을 동시에 안겨주었다. 낯선 타국에 와서 고된 선교사업에 열중하던 토마스와 한 팔이 되어 격려와 위로가 되어주던 아내를 잃고 보니 앞길이 난감하였다.

그러나 이만한 일로 좌절할 수는 없었다. 토마스는 밤낮으로 하나님께 기도하며 아내의 영생을 빌고 비통한 마음을 달래었다.

그러던 어느 날 토마스는 기도하다가 문득 마음속으로 한국에 가서 복음을 전해야겠다는 강한 충동을 느꼈다. 그것은 일종의 하나님의 계시와 같았다. 토마스는 기도를 마치고 굳게 다짐하였다.

중국은 이제 전도의 문이 열리게 되었다. 이제는 저 험악

한 한국 땅에 한 알의 밀알이 되리라. 그곳에 가서 복음을 전하다 죽어도 여한이 없다. 토마스의 눈에서는 두 줄기 뜨거운 눈물이 흘러내렸다. 그 후부터 토마스는 한국 땅과 가장 가까운 산동성에 자주 드나들면서 한국에 대한 정보를 수집하는 한편 한국으로 갈 수 있는 기회를 찾았다. 그리하여 윌리암스 목사의 집에서 한국인 청년 김자평 등을 만나게 되었다. 이것은 결코 우연이 아니다. 토마스에게는 눈에 보이지 않는 하나님의 손길이 뻗치고 있었던 것이다.

토마스 목사가 목선을 타고 김자평과 함께 황해도의 거친 파도를 헤치고 다다른 곳은 황해도 솔내 맞은편에 있는 백령도였다. 토마스 목사는 이 섬에 상륙하여 그곳 주민들에게 복음을 전하기 시작하여 옹진 일대의 여러 섬들을 돌아다니면서 약 2개월 동안 선교사업에 열중하였다.

무엇보다 더 중요한 것은 주민들과 가까이 사귀는 일이었다. 토마스 목사는 이들과 어울려 다니면서 성경에 나오는 하나님의 이야기에서 시작하여 주님, 그리고 선지자들과 그들의 활약상을 소상히 들려주고 목선에 싣고 온 한문 성경과 종교서적을 나누어주었다.

주민들 중에는 토마스 목사의 말에 처음부터 거부반응을 일으켜 귀담아 듣지 않는 사람들도 있었으나 적지 않은 전도의 열매를 맺었음으로 이번에는 방향을 돌려 섬에서 육지로 들어가기로 했다. 그리하여 토마스 목사는 조각배를 타고 정든 섬 마을을 떠났다.

　이미 가을이 지나고 찬바람이 몰아치는 초겨울로 접어들었다. 바다는 거세게 요동치고 성난 파도가 배를 삼키려는 듯이 덮쳐왔다. 김자평은 필사적으로 노를 저으며 폭풍과 싸웠으나 끝내 배는 산산조각이 나고 말았다. 김자평은 산더미 같은 파도에 휩싸이면서도 힘껏 외쳤다.

　"목사님-목사님!"

　그러나 김자평의 목소리는 폭풍이 삼켜버리고 귀에 들리는 것은 거센 파도 소리뿐이었다. 김자평은 이제 모든 일은 끝장이 났다고 생각했다.

　그러나 하나님은 이들을 결코 버리시지 않았다. 갑자기 조난을 당한 토마스는 조각난 널빤지에 매달린 채 파도에 밀려 마냥 떠내려가고 있었다. 그는 수삼 일을 사나운 파도와 싸운 끝에 기진한 채 어느 바닷가에 밀려와 있었다.

　정신을 차리고 보니 웬 중년 사나이가 옆에 버티고 서서 유심히 내려다보고 있었다. 그가 누워 있는 곳은 조용한 모래사장이었다. 토마스는 누운 채 사방을 두리번거리면서 여기가 어디지요? 하고 묻자 사나이가 오히려 대답 대신 퉁명스럽게 물었다.

　"당신은 어느 나라에서 온 뭐 하는 사람이오?"

　토마스가 자기의 신분을 밝히고 한국 땅에 하나님의 복음을 전하러 왔으니 도와달라고 부탁했다.

그러자 그 사람은 섬뜩하여 뒤로 한 발짝 물러섰다. 조정에서 이 잡듯이 뒤져내어 목을 베는 천주학쟁이어서 그럴 만도 했다. 그러나 토마스는 부드러운 얼굴로 조용히 말했다.

"당신이나 나나 하나님의 품안에서는 똑같은 형제요."

토마스 목사가 말을 맺기도 전에 이 사람은 질겁하며 뒤로 다시 몇 발 물러서서 말했다.

"어서 물러가요. 더 이상 나에게 수작을 부리면 관가에 일러바치겠소."

그 사람은 어렵게 말하면서 손을 내저었다. 토마스는 한국에서 선교사가 매우 어렵다는 것을 잘 알고 있었다. 그러나 이 나라에 복음을 전하는 것이 하나님의 뜻이요 자기에게 주어진 사명임을 깨닫게 되자, 이 일을 잠시도 지체할 수가 없었다.

그리하여 그 날부터 토마스는 하나님이 전도의 길을 열어 달라고 기도하는 한편 지혜를 총동원하여 관원들의 눈을 피해가면서 황해도 서해안 일대에 복음의 씨앗을 뿌리기 시작했다. 전도가 벽에 부딪혀 어려움을 당할 적마다 머리에 떠오르는 것은 '내가 너희를 보냄이 양을 이리 가운데 보냄과 같도다. 너희는 뱀같이 지혜로움과 비둘기같이 순결하라.'는 주님의 말씀을 늘 생각하였다.

토마스가 전도하는데 가장 큰 애로는 폭풍으로 조난을 당할 때 성경과 종교서적을 몽땅 바닷물에 빠뜨려 버린 것이다. 그래서 토마스는 일단 중국 산동성 집으로 돌아가 성경과 종교서적을 구해 가지고 다시 한국에 와서 전도하기로 했다.

토마스가 크리스마스가 가까워오는 12월 지부를 향해 황해도를 떠났다. 그런데 토마스에게는 계속 액운이 따랐다. 황해 바다 한 중간에서 또 다시 폭풍에 밀려 표류하게 되었던 것이다. 그러나 이번에도 하나님은 토마스를 지켜주셨다. 그는 요동반도의 어느 바다까지 닿아 그곳에서 육로로 산해관을 거쳐 집으로 무사히 돌아갔다.

2. 다시 한국 땅으로

토마스 목사의 두 번째 한국 전도의 기회는 뜻밖에도 일찍 다가왔다. 그것은 그가 한국에서 집에 돌아온 이듬해인 1866년 7월 7일 이곳에 온 한 프랑스 신부 리델(E.C.Ridel)에 의해 이루어졌다.

그는 그 해 대원군에 의한 피비린내 나는 천주교 박해, 이른바 '병인난'을 용케 피해 중국에 온 세 사람의 프랑스 신부 중 한 사람이었다. 병인난 때 한국에 와서 복음을 전하는 프랑스 선교사 12명 가운데서 3명이 순교 당하고, 불과 2,3개월 사이에 전국에 흩어져 있던 천주교 신도 수천 명이 관헌의 손에 잡혀 무참히 학살당하였던 것이다. 그리하여 처형장인 수구문 밖에는 목 베임을 당한 성도들의 시체가 산더미처럼 쌓이게 되었다. 이렇게 시작된 대원군의 병인난은 고종의 결혼기념일(음 7월 20일)을 전후하여 잠시 고개를 숙이게 되었다.

그러자 산에 숨어 수난을 피한 리델, 페롱, 칼레, 세 신부는 이 틈을 놓칠세라 한밤 비밀리에 회동하고 대책을 강구한 끝에 북경 선교부에 연락하여 프랑스 함대의 지원을 요청하기로 했다.

한편 천주교인 황사헌은 로마 교황에게 군대를 파견하여 천주교의 탄압을 중지시켜 달라는 서한을 발송했다. 그런데 이 서한은 사전에 관헌에게 발각되어 황사형은 홍주에서 처형당하고 이를 계기로 천주교에 대한 조정의 박해가 더욱 극심하여졌다.

그런데 북경 선교부의 프랑스 함대의 지원을 요청한 신부들의 처사도 무모하기로는 황사영과 비슷했다. 리델과 가까이 지내는 천주교인 김영희는 이것을 한사코 말렸다. 지금 한국이 외국 세력을 끌어들이면 천주교회에 대한 박해는 더욱 심해져서 겨우 발붙일 곳을 찾아 헤매고 있는 천주교는 발판을 잃게 된다는 것이었다. 그리고 리델 신부에게 청나라로 피신할 것을 권했다. 이것은 옳은 견해였다. 그러나 리델 신부는 고개를 가로 저으면서 말했다.

"모처럼 한국 땅에 하나님의 복음을 심으러 온 리델이 박해가 두려워 나만 살겠다고 피신하다니 그건 말도 안 되오."

이때 옆에 있는 폐롱이 한 마디 거들었다.

"우리는 좀더 지혜롭게 움직여야 하겠소. 아무튼 북경에 한국의 참혹한 사정을 일단 알리고 그 지시에 따르는 게 좋을 것 같소."

이들은 오랫동안 의논한 끝에 결국 세 신부 중에서 리델이 북경에 가서 경과를 보고하기로 합의를 보았다. 그리하여 6월 그믐께 리델은 상제(喪祭)로 변장한 다음 몇몇 한국 교인을 데리고 제물포에서 작은 목선을 타고 산동성을 향해 떠나 7월 7일 지부에 도착하였다. 그는 곧 북경에 가서 프랑스 공사 벨로네에게 한국의 천주교 박해에 대한 실정을 보고하였다.

벨로네는 펄쩍 뛰더니 즉시 본국에 보고하고 천진 주둔 프랑스 함대 사령관 로즈제독에게 알렸다. 그리고 7월 13일 한국 조정에 프랑스 공사의 명의로 다음과 같은 공한을 발송하였다.

'귀국이 프랑스 선교사 9명을 무참히 살해한 사건은 묵과할 수 없는 처사이며, 프랑스 함대는 즉각 조선 정벌에 출전하겠소, 이는 프랑스 황제 나폴레옹 3세의 전하는 말이오.'

이것은 한국에 대한 프랑스의 협박이라기보다는 일종의 선전포고나 다름이 없었다. 그러나 이것은 어디까지나 벨로네의 성급한 처사요 프랑스 당국은 한국 침공을 허용하지 않았다. 당시의 프랑스의 극동함대는 인도차이나 전쟁으로 한국에 진격할 여유가 없었던 것이다.

그리하여 벨로네 공사는 한국 출병을 단념했으나 로즈제독은 그렇지 않았다. 그는 어떻게 해서든지 한국에 가서 프랑스 신부를 살해한데 대한 배상을 요구할 심산이었다. 그리하여 기회를 엿보고 있는데, 때마침 미국 상선 제너럴셔먼호가 무역을 하러 천진항을 떠나 한국으로 오게 되었다. 로즈는 그 배를 타고 한국으로 떠나기로 하고 지부에 있는 토마스 목사를 찾아가서 통역을 부탁했다.

한국에 다시 가서 복음을 전할 준비에 몰두하고 있던 토마스 목사는 로즈의 청을 받고 처음에는 선뜻 받아들이지 않았으나 셔먼호가 상선이라는 것을 알고 쾌히 승낙했다. 한국에 가서 선교할 좋은 기회로 생각하였기 때문이다.

"좋습니다. 떠납시다."

그리하여 셔먼호는 목적이 각각 다른 세 종류의 사람을 태우고 천진항을 떠나 한국으로 향하였다. 그것은 찌는 듯이 무더운 8월 초순이었다. 당시에 새로운 개항지를 찾아 동남아 일대를 누비고 한국 왕릉에 귀한 보물이 많이 숨겨져 있고 국내에는 인삼을 비롯해서 귀한 생산품이 많다는 정보를 입수하여 무역의 길도 뚫을 겸 기대에 부풀어 한국 출항을 서두르고 있었다.

셔먼호는 아시아에서 인기가 있는 각종 상품과 무기 등을 가득히 싣고 승객은 선주 프레스턴을 위시해서 토마스 목사 선장 페이지, 기관원, 중국인 통역 조능봉 등 24명으로, 로스제독은 인도차이나 전쟁이 격화되어 부득이 동승하지 못하였다.

당시의 선장들은 상거래를 하는 과정에서 무슨 사태가 벌어질지 알 수 없었으므로 승무원들은 유사시에는 언제나 전투할 수 있는 태세를 갖추고 있었다.

드디어 셔먼호는 한국 산천이 바라보이는 평양 앞 바다에 이르렀다. 그러자 선주 프레스턴은 갑판 위에 선원들을 모아놓고 전투태세를 갖출 것을 명령하였다.

"여러분, 저기 바라보이는 한국은 미개한 작은 나라지만 저들에게도 군대가 있을 터이니 너무 방심하지 말고 만일의 사태에 대비하여 완전무장을 하기 바라오."

이 말에 토마스 목사는 깜짝 놀라 프레스턴에게 항의했다.

"아니, 선주. 선원에게 무장을 시키다니 이게 웬일이오. 이 배는 장사를 하기 위해 한국에 온 게 아니라 전쟁을 하기 위해 왔단 말이오?"

그러자 프레스턴의 말은 싸늘했다.

"때에 따라서는 상선도 전투를 해야 하오."

토마스 목사는 어이가 없었다. 선장이 한국의 실정을 모르고 설치는 것이 두렵기만 했다. 한국 정부를 선불리 건드렸다가는 선교할 발판을 송두리째 잃게 될 우려가 있었기 때문이다. 그러나 배에서의 실권은 선주에게 있었다. 토마스 목사는 잠자코 지켜볼 수밖에 없었다.

무장한 셔먼호는 뜨거운 햇살이 쨍쨍 내리쬐는 검푸른 파도를 헤치고 서서히 대동강 어귀를 향하고 있었다. 이윽고 셔먼호는 평양 초방 거리에 선장포에 닻을 내렸다.

3. 이 땅에 뿌린 거룩한 피

셔먼호는 대동강을 따라 평양으로 올라갔다. 토마스 목사는 도중에 강변에 있는 사람들에게 성경을 나누어주고 만경대까지 올라가 쑥섬에 이르렀다.

셔먼호가 그 웅장한 모습을 쑥섬에 드러내자 평양 성안은 삽시간에 발칵 뒤집혔다. 양놈들이 드디어 쳐들어왔다는 것이었다. 이렇게 되자 평양감사 박규수는 전군에 출동태세를 명하고 중군의 대장 이현익에게 외국배가 내항한 목적과 동태를 살피라고 명령했다. 그리하여 대동강 일대는 갑자기 출동한 한국 군사들과 구경하러 나온 백성들로 웅성거렸다. 사태가 이렇게 되자 선장 프레스턴은 은근히 겁이 났다. 토마스 목사는 다시 한 번 충고했다.

"선주님, 저들과 무력 충돌을 하면 피차에 이로울 것이 하나도 없어요, 무기를 거두고 상인으로서 저들을 대하야 합니다."

그리고 선원들의 무장을 풀고 한국 관군의 지휘자와 협상할 것을 권고했다. 프레스턴 선주는 아무래도 사태가 심상치 않은 것을 알아차리고 협상을 하되 선원들의 무장을 해제시키지 않기로 했다. 무장하고 있어야 기세에 눌려 협상에 유리하다는 계산에서였다. 이때 선원 한 사람이 프레스턴 선장에게 뛰어와서 말했다.

"선주님, 저기 나룻배 한 척이 오고 있어요."

그것은 평양 감사 박규수의 지시에 따라 셔먼호를 찾아오는 중군대장 이현익이 탄 배였다. 토마스는 이현익을 정중히 맞아들일 것을 프레스턴에게 건의하고 자진해서 통역을 맡기로 했다. 일촉즉발의 위기를 사전에 막아 보자는 심산이었다.

토마스는 프레스턴을 소개하고 자기의 신분을 밝힌 다음 셔먼호는 단지 무역을 위해 내항했으니 미국에서 갖고 온 여러 가지 물품과 한국의 인삼, 금, 은, 호랑이가죽 등과 교역하자고 요구했다.

그러자 이현익이 굳은 표정으로 한국은 국책에 따라 서양 사람들과 거래하지 않기로 정해져 있고, 야소교는 나라에서 철저히 금하고 있으니 아예 발붙일 생각을 말고 어서 순순히 돌아가 주기 바란다고 잘라 말하였다.

토마스는 이현익의 말을 그대로 프레스턴에게 전해주었다. 그러자 프레스턴은 노발대발하며 이현익을 선실에 감금하고 무장 선원들에게 일제히 사격을 명령했다. 토마스 목사는 당황하여 이를 저지하려고 했으나 프레스턴은 기고만장해서 좀처럼 오만한 태도를 누그러뜨리지 않았다.

평양감사 박규수는 이 사실을 전해 듣고 서윤, 신태정을 셔먼호에 보내어서 이현익의 석방을 요구했다. 그러자 프레스턴은 신태정까지도 선실에 감금하고 육지에 오른 무장 선원들은 떼를 지어 한국 관군과 민간인을 닥치는 대로 살해하는 횡포를 부렸다. 이것을 본 한국 관군들은 셔먼호를 향해 일제히 포문을 열기 시작했다.

"서양 오랑캐를 처부수자!"

어느덧 군중들도 합세하여 일제히 함성을 질렀다. 감사 박규수는 울분을 참을 수가 없었으나 셔먼호에 감금되어 있는 이현익과 신태정의 신상을 염려하여 다시 협상을 벌이기 위해 통역관군 박춘권을 보내었다.

프레스턴은 박춘권에게 감금한 두 사람을 돌려줄 터이니 한국과 통상체결을 주선해 달라고 제의했다. 박춘건은 한국은 외국과 일체 통상을 금하고 있으니 빨리 돌아가라고 말했다.

대원군이 쇄국정책을 펴고 있는 마당에 외국과의 무역은

있을 수 없는 일이었다.
 화가 머리끝까지 찬 프레스턴은 셔먼호의 머리를 돌려 일단 후퇴하는 체하다가 엉뚱하게 대동강 하류의 양각도에 상륙하여 민가를 습격하기 시작했다. 셔먼호의 선언들은 닥치는 대로 살인하고 약탈했다. 이렇게 되고 보니 일을 평화적으로 수습하려던 평양감사 박규수의 노력은 완전히 수포로 돌아가 버렸다.
 박규수는 드디어 본격적인 군사행동을 취하기 위해 관군에게 발포 명령을 내렸다. 그러자 한동안 응수하던 셔먼호의 선원들은 차츰 당황하기 시작했다. 인원이 한정되어 있는 데다가 탄약도 바닥이 나기 시작했다. 프레스턴은 마침내 후퇴 명령을 내렸다. 검은 괴물 같은 셔먼호의 선체가 서서히 대동강 한복판을 선회하고 출발을 시작했다.
 이윽고 셔먼호가 하류로 내려오자 대기하고 있던 관군은 일제히 포문을 열어 맹공을 개시했다. 이때 셔먼호는 완전히 항전할 기력을 잃고 있었다. 화력이 동이 났다. 설상가상으로 셔먼호는 대동강 하류에서 암초에 걸려 멎어버렸다.
 "저 서양 오랑캐의 배에 불을 질러라."
 박규수의 명령이 떨어지자 한국 관군은 몇 척의 조각배에 나무를 잔뜩 쌓아 싣고 불을 붙여 강을 따라 내려 보냈다. 셔먼호는 허둥지둥 도망치려 했으나 끝내 불길에 휩싸이고 말았다. 선원들은 당황하여 일제히 강물에 뛰어들었다. 관군은 강변에서 대기했다가 이들이 강가에 기어오르면 모조리 잡아 죽였다.

토마스 목사도 예외는 아니었다. 1866년 9월 3일 토마스 목사는 살기등등하여 자기에게 덤벼드는 관군에게 성경을 꺼내주었으나 거절당했다. 토마스는 그 자리에서 무릎을 꿇고 기도했다.

"하나님 아버지, 저희들을 용서해주옵소서. 저희들은 무지하고 가엾은 인간들입니다."

그 순간 관군의 칼날이 토마스의 목을 내리쳤다. 그리하여 토마스 목사는 한국 최초의 신교 선교의 순교자가 되었다.

1927년 5월 8일 쑥섬에서는 수천 명이 모인 가운데 토마스 목사의 추도 예배를 드렸으며 그를 기념하여 대동강변에 기념교회를 세웠다. 토마스 목사는 갔으나 그가 흘린 순교의 피는 대동강을 붉게 하였고 그 물을 마시는 평양 시민들은 기독교 운동으로 복음화되어 제2의 예루살렘이라는 말까지 듣는 성지가 되었던 것이다.

2
예수에 미친 최권능 목사의 순교

우리 기독교사에서 영원히 잊지 못할 기인이 최권능 목사이다. 봉석이란 본명 외에 권능이란 이름이 더 많이 알려져 있음은 결코 우연이 아니었다. 그는 누구보다 예수께 반하고 도취되어 있었으며 산간벽지와 만주벌판에 복음을 뿌려 무려 80군데 개척교회를 세웠던 것이다.

새벽 4시 반짝이는 별을 보며 평양의 새벽하늘에 메아리치는 소리가 있었으니 그것이 바로 최권능 목사의 구호였다.

"예수 천당!"

외마디의 외침이었다. 그 목소리는 이상한 능력의 호소력을 가지고 나라 잃은 백성의 가슴에 닿았으며 심금을 울려 메마른 민족의 희망의 정신을 심어주었다. 그리하여 수많은 백성들이 예수를 믿고 교회를 찾는 신도가 되었다. 과연 절망에서 소망을 주는 권능을 가진 목사라 하겠다.

1. 꺼지지 않고 메아리치는 예수 천당

'이방을 향해 떠나던 초대교회 사도들처럼 압록강을 건너서 북으로 간 당신은 만주 벌판 그 눈보라 속에서도 하루 한 끼도 못 먹는 허리를 졸라매고 "예수천당! 예수천당!" 만나는 사람마다 '쏜 예수탄'은 얼마나 승화된 말씀이었나?

〈12년 만에 다시 찾은 조국은 차츰 푸른빛을 잃어갔고 당신은 또 다시 토담집에 살면서도 거리로 나와야 했습니다. 창문 곁으로 지나가는 기차를 향해 "예수 천당!"을 외칠 때 손을 흔들어주는 승객들의 답례를 받고 환하게 기뻐 웃으시는 당신은 이글이글 타는 전도의 용광로였습니다.〉

이것은 시인 김충남 목사가 최권능 목사님께라는 헌시의 일부이다. 세상에서 성공을 하려도 미쳐야 하는데, 전도 또한 미쳐야 한다. 칸트는 철학에 미치고, 베토벤은 음악에 미치고 에디슨은 과학에 미친 사람들이었다. 그리고 유명한 사람들의 역사를 보면 어떤 목적에 미치지 아니하고는 위대한 성과를 가질 수가 없었다.

최권능 목사는 예수에 반하고 아주 미친 사람이었다. 그는 기독교 역사에 영원히 잊지 못할 기인이고, 거인이고 성자라고 할 수가 있다. 그는 주로 산간벽지와 만주대륙의 복음의 씨앗을 뿌리고 다녔다.

그리하여 이들 지역에 그가 개척하여 세운 교회가 80교회가 넘었다. 이것은 기독교 사상 아무도 따를 수 없는 기록이었다. 이런 일이 어떻게 가능한가? 하나님을 등에 업었기 때문이다. 그리하여 그는 무에서 유를 이루는 놀라운 성과를 올리게 되었다. 하나님께서 인간 최권능을 전도의 나팔수로 들어 쓰셨던 것이다. 그는 하나님의 복음 전파의 심부름꾼이었다. 따라서 그가 거둔 성과는 인간 최권능의 것이 아니라 하나님의 권능에서 비롯된 것이었다. 그리하여 최봉석을 최권능이라고 부르게 되었고 최권능이라는 대명사는 세상에 널리 알려졌다.

그가 하나님의 일을 할 때 사용한 무기는 네 마디의 구호였다. "예수천당!" 바로 그것이었다. 그는 외마디 소리를 외치면서 일생 동안 복음 전파에 헌신하였다. 그리하여 80여 개의 개척교회를 세우는 열매를 맺게 하였다.

"예수천당!"

매일 새벽 비가 오나 눈이 오나 추우나, 더우나, 시계 바늘이었고 새벽을 깨우는 나팔수였고 각자 양심의 문을 두드리는 하나님의 명령이었다.

이상한 것은 "예수천당"을 외치는 소리는 끝나는 것이 아니고 계속 양심을 두드리고 자나 깨나 머릿속에서 "예수천당! 예수천당!" 외치며 그의 발걸음을 교회로 인도하였다고 한다.

한번은 "예수천당"에 미친 여인이 무당에게 가서 물어보니까 무당의 말이 예수 귀신이 붙었으니 교회 목사를 찾아가라고 하였다. 그리하여 교회를 찾아가 목사에게 안수를 받고 병을 고치고 신자가 되었다고 하였다. 그 당시 시계가 귀한 때라 공장에나 학교나 시간 생활을 하는 가정부는 최권능 목사의 "예수천당" 소리를 듣고 일어나, 밥을 지어 공장이나 학교에 가게 하였다고 한다.

그 당시 필자는 평양에 있을 때 눈이 펑펑 오는 차가운 겨울에 서문교회에서 김익두 목사님을 모시고 부흥성회가 있었다. 새벽 4시경 친구와 같이 눈길을 헤쳐가며 교회로 향하였다. 그런데 어두운 먼 곳에서 "예수천당" 외치는 소리가 들려왔다. 점점 소리가 가까워오더니 "예수천당"을 크게 외치었다. 우리는 알아차리고

"목사님 안녕하십니까? 우리는 모두 신자이고 성회에 가는 길입니다."

"그래? 반갑다. 그런데 왜 예수천당을 외치지 아니 하나?"

책망하고 권면하였다. 일정시대 한국교회는 개화문명의 앞장서 왔다. 문맹 퇴치에도 앞장서 왔다. 당시의 복음운동이야 말로 왜정 흑암 속의 혜성같이 한 줄기 빛으로 민족의 잠든 혼을 깨우기에 충분했다. "예수천당 복음 운동"이야말로 한국 민족의 한 줄기 희망이었다.

그리하여 복음의 불씨는 꺼질 줄 모르고 날이 갈수록 전국적으로 퍼져 힘차게 타올랐다. 최권능 목사는 평양시내 집집마다 찾아가 "예수천당"을 외쳐 복음을 전하였다. 길거

리에 지나가는 사람 한 사람만 보아도 "예수천당"을 외쳤다. 심지어 교통을 정리하는 일본 경찰관에게도 다가가서 "예수천당" 복음을 전했다고 한다. 그리 하다가 종로 4거리의 교통순경에게 뺨을 맞았다는 일화도 있다.

"예수천당"에 미친 그의 목소리는 듣는 사람마다 오장육부를 쥐어짜서 분출하는 것 같았다. 그는 불타는 심정으로 외치고 또 외쳤다. 그는 이렇게 하지 않고서는 견딜 수가 없었다는 것이었다. 그는 예수로 온 몸이 불타 있었다. 예수를 등에 업고 그는 뛰고 또 뛰었다. "예수천당" 그 외에는 다른 말이 필요가 없었다. 긴 설명을 듣고 싶으면 성경을 펴보거나 교회 나가 들으라는 것이었다. 그는 설교나 설득을 할 줄 모르는 것은 아니었다. 그보다 더욱 강한 예수당인 "예수천당"만이 직격탄인 것을 믿기 때문이다.

그는 진실로 예수 믿는 재미와 그의 능력을 체험하신 분이었다. 그는 신학적인 지식을 구하지 않았다. 예수를 전하는 확성기로 만족하였다. 예수를 위해서 바보가 되어 못나고 미친 사람으로 여겨졌으나 그는 그것으로 만족하였다.

2. 전화위복이 된 귀양살이

최권능 목사는 1869년 9월 7일 평남 강동에서 최상헌 씨의 3남으로 태어났다. 아버지 최상헌 씨는 강동 창장(지금의 세무서장)으로 있었으며 생활은 풍족한 편이었다. 최권능은 어렸을 때부터 한학을 공부하여 사서와 오경을 떼고 1893년 평양 관찰사(민영휘-후에 휘문학교 설립자)의 비서로 8년 동안 일하였다.

그는 천성이 착하고 강직하여 가엾은 사람들의 송사를 도와주고 억울하게 고통을 당하는 사람들의 사정을 관찰사에 바로 고하여 신임을 얻고 백성들로부터 호감을 사게 되었다. 그는 관찰사로부터 평양 시장을 관리하여 일정한 소득을 얻을 수 있는 특혜까지 받아 넉넉한 생활을 하게 되었다.

1900년 최권능이 30세 때에 일이 있었다. 현감(군수)과 아버지 사이에 세무관계의 사무착오로 언쟁이 벌어졌다. 현감은 양반이고 창장은 아전이다.

"여보, 최창장, 무슨 일을 그 따위로 하는 거요?"

현감이 핏대를 올렸다.

"아니올시다. 그건 현감님께서 잘못 알고 하시는 말씀입니다."

"아니, 그래 네가 옳고 내가 잘못이란 말이야?"

현감이 이렇게 호통을 치면서 최창장의 뺨에 손이 올라가려는 순간 이 광경을 지켜보고 있던 권능 청년이 번개같이 가로막고 나섰다.

"이놈! 누구 앞에서 힘으로 대드는 거야?"

현감이 큰소리로 외쳤다.

"이놈이라니, 어디다 대고 호령이냐?"

"현감이면 다야?"

의분과 혈기만 있을 뿐 눈앞에 사람이 보이지 않는 것이 청년 최권능이었다. 그는 현감의 멱살을 잡고 주먹을 휘둘러 호되게 때려주었다. 이로 인하여 그는 관직에서 떠나 부인과 함께 5백리 밖의 상주로 귀양을 가게 되었다.

그러나 민관찰사가 삭주 광산의 관리권을 최권능에게 주어 생계를 도모하게 하고 현감에게 최권능의 보호를 의뢰하는 서신을 보냄으로 귀양살이 치고는 평안한 생활을 하게 되었다. 상주에는 이미 4년 전에 교회가 들어서 있었다. 한의사인 백유계라는 이 고을의 유지가 세운 교회였다. 이 백유계에게 전도한 것은 그의 고종제이며 후에 33인의 한 사람이요 제5회 총회장도 지낸 양전백이었다.

하루는 백유계 씨가 최권능 숙소로 찾아왔다. 그는 인사를 나눈 다음 귀양살이를 하고 있는 최권능에게 인생의 허망함을 이야기하고 하나님을 의지하는 것이 사는 길이라고 말했다. 최권능은 그러지 않아도 따분하게 살아가던 터라 그의 말에 귀를 기울이게 되었다. 그는 백유계에게 기독교에 대해 여러 질문을 하고 나서,

"백 선생님, 나도 예수를 믿으면 복을 받을 수 있을까요?"
"여부가 있습니까? 참으로 반갑습니다."

백유계는 무릎을 꿇고 하나님께 감사와 축복의 기도를 하였다. 그는 교회 영수로 교회를 지키고 있었다. 다음 주일 최

권능은 아내와 같이 교회로 나갔다. 백영수는 예배가 끝난 후 교인들에게 최권능 내외를 소개하고 박수로 환영하였다.

최권능은 무슨 일이든지 시작하면 끝을 보는 성격이었다. 그 후로는 한 번도 빠지지 않고 열심히 교회에 출석하고 열심히 성경을 공부하고 협력하였다. 그의 믿음은 날로 깊어갔다. 그는 이듬해 부인과 함께 세례를 받고 4년 후에 영수가 되어 전서인으로 산간벽지를 돌아다니며 성서 매서인으로 종교서적을 팔며 열심히 전도를 하였다. 이때부터 하나님께서 노방 전도인으로 쓰신 것이다.

1907년 그가 예수를 믿은 지 5년 만에 전도사로 임명되어 벽동교회에 봉직하였다. 그때 그는 38세 중년으로 봉급은 30원이었다. 아들형제, 두 내외, 4식구의 생활에는 충분하였다. 열심히 전도한 결과 교회는 날로 부흥이 되며, 25평의 기와집을 신축하고 성도는 100명으로 성장하였다.

3. 신학생 시절

1908년 최전도사는 목사가 되기 위해 평양 신학교에 입학했다. 그의 나이 40세였다. 그러나 방학 동안은 교회에서 학생 겸 전도사로 시무하며 공부를 한 것이다. 갓 쓰고 핫바지 저고리의 무명 두루마기를 차려입고 벽동에서 평양까지 500리 길을 걸어서 신학교에 입학을 하러 간 최전도사는 의기양양했다.

최 전도사는 신학교에 입학한 지 며칠 후부터 학교에서 공부가 끝나면 평양 시내를 누비면서 전도에 열을 올렸다. 학업 성적은 문제가 아니었다. 20점이 되든 0점이 되든 아랑곳하지 않았다.

최전도사는 공부를 너무 안 해서 걱정이야. 어느 날 마펫 교장은 학교에서 골칫거리가 되어 있는 최권능을 불러서 주의를 주었다. 최전도사는 신학박사요 풍채가 세련된 교장에게 인간 냄새가 많이 풍기는 것 같았다. 최전도사는 교장 앞이라 말을 못하고 마귀들이 우글거리는데 예수 탄을 쏘아야지 딴 총알로는 아무 쓸모가 없다는 생각을 하고 있었다. 신학 탄은 비둘기에 콩알 쏘는 격이 아닌가 싶었다.

"교장 선생님, 학과 성적이 제일 중요한 것입니까?"

"암, 그렇고말고 학생은 우선 공부를 하여 실력을 길러야 하나님의 일을 잘할 수 있다."

지당한 말씀 같으면서도 최전도사는 어딘가 의문이 생긴다. 마펫 교장은 자기 앞에서 조금도 풀이 죽지 않고 태연하게 서 있는 최전도사를 바라보면서 마음이 든든하였다.

제대로 된다면 최전도사는 1911년에 졸업이 되어야 했을 것이다. 그러나 그는 학과공부에 낙제가 되었다. 나가서 노방전도에 열심이었고 공부시간에는 졸기만 하였다. 그러니 낙제할 수밖에 없었다.

졸업식 날 동기생들이 가운을 걸치고 줄이 달린 모자를

쓰고 기념사진을 찍을 때 최전도사는 기숙사에 남아 찬송가를 부르고 있었다. 그는 신학교에 다닐 때에는 평양 사람에게 전도하고 방학 동안에는 벽동에 가서 전도하고 500리 길을 다니면서 열심히 전도에 불이 붙었다. 고무신도 없는 때라 짚신을 갈아 신으며 그는 하나님의 쓰시는 복음의 나팔수로서 쓰였다. 신앙운동이란 이런 것이 아닌가? 신학교란 전도자의 양성 기관인 것이다.

이듬해 그는 또 낙제했다. 그는 벽동 교회 신도들을 볼 낯이 없게 되었다. 목사가 되기를 바라는 그들이 낙심할 것을 생각하니 마음이 상하였다. 극성스럽게도 사랑이 많은 그들이 목사가 되면 축하하려고 떡살이라도 담가놓고 기다릴지도 모를 일이다.

1902년에 입교, 1905년에 영수로 피택, 1907년에 전도사, 이렇게 너무 속성과만 했으니 목사 되는 건 좀 늦춘들 어떠랴 싶었으나 이건 어디까지나 혼자의 생각이었다.

1913년에도 그는 또 낙제. 3년째에는 어쩐지 그냥 있을 수가 없었다. 졸업식이 끝나고 교수들이 교무실에 모여 이야기를 나누고 있었다. 최전도사는 문을 노크하고 교무실로 들어섰다.

"여러 교수님들께 여쭐 말씀이 있어서 왔습니다."
"무슨 말인데?"
마펫 교장이 물었다. 교수들의 시선이 일제히 최전도사에게 쏠렸다.

"교수님들 기도하십시다."

하고 최전도사는 고개를 숙였다. 교수들은 느닷없이 기도하자니 영문을 알 수가 없었으나 좌우간 일단 함께 고개를 숙일 수밖에 없었다. 이윽고 최전도사의 입에서 기도의 소리가 흘러나왔다.

"하나님, 저 같은 못난 것을 예수 믿게 하시고 또 신학교에 와서 공부하게 하심을 감사합니다. 그런데 저는 기도하고 전도하는 일에 바빠서 세 번째도 낙제하였습니다. 바라옵기는 이 자리에 계신 교수님들의 마음을 감동시켜 저에게 졸업장을 주시어 목사가 될 수 있는 길을 열어주시기 바랍니다. 예수님의 이름으로 기도합니다."

교수님들은 덩달아 아멘 했다. 최전도사는 시치미를 딱 떼고 마펫 교장 앞에 가서 말했다.

"교장 선생님 감사합니다. 오늘 저도 교장 선생님의 특별하신 사랑으로 졸업장을 얻게 되었습니다."

"참 안되었소. 내년에는 열심히 공부해서 졸업장을 받도록 하시오."

"아니, 교장 선생님 그게 무슨 말씀입니까? 방금 제가 졸업장을 주시어 목사가 될 수 있는 길을 열어주시기 바랍니다. 예수님의 이름으로 기도합니다 했을 때 아멘이라고 하시지 않았습니까?"

마펫 교장은 눈이 휘둥그레져서 말했다.

"최전도사, 우리는 졸업장을 주겠다고 하나님께 약속하지 않았소."

"어찌 그렇게 믿음이 없는 말씀을 하십니까? 기도할 때는 구하는 것은 이미 받은 줄로 확신하는 것이 기도하는 자세가 아닙니까?"

이리하여 마펫 교장의 특별한 배려와 교수들에 대한 설득으로 졸업을 하고 그 해에 평북 노회에서 목사 안수를 받게 되었다. 헌신하겠다는 그 정성이 관통 적중을 하게 되었던 것이다. 두 번씩이나 졸업시험에 낙제한 최권능 목사의 신학생 시절에 있었던 일화는 지금도 유명하다.

모든 학생들은 시험 시간에 열심히 시험 답안을 쓰고 있는데 최권능 목사는 답안을 알 수가 없어 붓방아만 찣고 한숨만 쉬더랍니다. 시간이 다 되어 종소리가 나자 학생들은 답안을 다 써서 내다 바치는데 마지막 남은 최권능 목사는 붓을 내던지며, "시험에는 성령님도 쩔쩔매더라."고 한 일화가 있다. 그럴 수밖에 없는 것이 학생이 공부는 안 하고 매일 전도만 하고 기도만 하였으니 어찌 시험 답안이 나왔으리요. 이렇게 순진하고 우직한 믿음의 사람이었다. 그 후 이런 믿음을 보시고 축복해서 최권능 목사를 크게 복음운동의 일꾼으로 쓰시었다.

4. 전도에 얽힌 비화

최권능 목사는 밖에 나가서 외치지 않고는 잠이 오지 않았다. 그는 사실 교회 목사가 아니라 전도사였다. 1914년 선천 지방 전도회에서 만주 전도 목사로 파송했다. 그는 만주에 가서 겨우 연명하는 우리 동포의 참상을 목격했다. 그들은 거의 다 정든 고향을 떠나 이곳에 이주한 영세농민들이었고 잡신을 섬기는 미신이 성행하고 무지와 가난과 질고에 허덕이는 가련한 백성이고 게다가 곳곳에 마적 떼가 출몰하여 언제 어느 때 무슨 변을 당할는지 불안하기 짝이 없었다. 최목사는 불원천리하고 이들 불우한 동포들을 찾아다니면서 열심히 '예수탄'을 쏘아 대었다. 이러기를 12성상, 50군데에 새로운 교회가 섰다. 1년에 평균 4개 처에 세운 셈이다.

어느덧 최목사는 환갑이 가까웠다. 1923년 그는 남만주 노회에 파송되어 포교에 힘쓰다가 1926년에 귀국하여 강동교회와 무진교회에 시무하고 이듬해 평양 산정현교회 전도목사로 각처를 순회하면서 교회 개척에 주력했다.

황해도 곡산군 어느 산골에서 집이 여기 한 채 저기 한 채 떨어져 있어서 하루 종일 찾아다녀도 사람을 만나기가 무척 어려웠다. 그래서 최목사는 사람을 불러 모을 연구를 한 끝에 양지바른 언덕에서 뒹굴며 소리쳤다.

"아이고 배야, 사람 살려!"

워낙 굵은 목청이라 그 소리가 산골에 메아리쳐 크게 울려 퍼졌다. 그러자 근처에서 일하던 사람들이 모두 뛰어와 물었다.

"배가 어떻게 아프신지요?"

최목사는 정색을 하고 말했다.

"여러분을 놀라게 해서 죄송합니다. 사실은 배가 아픈 것이 아니라 당신네들이 앞으로 지옥 갈 생각을 하니 하도 마음이 아파서 한번 해본 소리요. 우리 이렇게 만나는 것도 인연이 아니오, 여러분 제발 예수 믿고 천당 갑시다."

화전민들은 어이가 없어서

"뭐야? 그럼 예수를 믿으라고 우리를 꼬여낸 거여? 별 떡대가리 같은 소리 다 듣겠네."

하고 욕을 하였다. 최목사는 낄낄 웃으며 말했다.

"옳은 말씀입니다. 여러분, 내가 믿으라는 예수가 바로 떡대가리입니다. 예수님은 하늘에서 내리신 생명의 양식입니다. 떡 중의 떡이요 떡 중에 제일 머리가 되는 떡대가리가 되십니다. 그런 고로 예수를 믿으면 죽어도 죽지 않는 천당에 가게 됩니다."

화전민은 어느새 최목사의 말에 귀를 기울이고 고개를 끄덕이기 시작하였다. 이렇게 해서 그 깊은 산골에도 주님의 복음이 들어가게 되었다.

한번은 평안북도 어느 산골에 갔을 때 일이다. 가도 가도 첩첩이 산으로 에워싸인 화전민들의 별세계였다. 산비탈을 개간하여 감자와 옥수수를 심어먹고 숯을 구워 잔돈을 만져 보는 가엾은 동족들이 사는 곳으로 5리에 집 한 채쯤 있는 산간 벽지였다. 최목사는 큰소리로 외쳤다.

"사람 죽는다!"

이 소리를 듣자 곧 화전민들 어른 아이가 금세 50명 가량 모여들어 물었다.

"대체 어떻게 된 거요?"

최목사는 태연스럽게 말했다.

"예수 믿으시오, 예수 안 믿으면 사람 다 죽소."

"뭐가 어째? 이놈의 영감쟁이가 누구를 놀리는 거야?"

장정들은 화가 치밀어 팔을 걷어붙이고 덤벼들었다. 최목사는 얼른 도망을 치다가 휙 돌아서면서 "암행어사 출두" 하고 외치면서 마패 비슷한 메달을 내보였다 그 메달은 남만주 노회에서 전도의 공이 크다고 표창을 받을 때 준 금메달이었다. 그러자 무지한 화전민들은 지금도 암행어사가 있는 줄 알고 땅에 엎드려 죽을죄를 지었으니 살려만 달라고 애원하였다. 최목사는 위엄 있게 말했다.

"나는 사람이 보낸 암행어사가 아니라 하나님이 보낸 암행어사요, 모든 사람은 하나님을 섬기지 않으면 다 죽소, 하나님만 섬기면 우리 죄는 용서되는 것입니다."

이리하여 이 산골짜기에도 복음의 씨가 뿌려졌다.

다음 평양 시내에서 있었던 일이다. 어느 날 채필근 목사가 거리를 지나가고 있었다. 채 목사로 말하면 설교 잘하고 문필에 능하고 동경대학에서 명성을 떨친 천재로 교계와 학계에 널리 알려진 분이다. 최 목사는 얼른 채목사의 뒤로 다가가서 큰 소리로 "예수천당!"하고 외쳤다.

채목사가 깜짝 놀라 옆을 보니 최목사였다. 최목사는 껄껄 웃으면서

"왜 그렇게 놀라는 게요?" 하고는 이렇게 말하였다.

"누가 채필근 목사인 줄 모르나? 목사는 목사인데 벙어리 목사야."

책망하는 말에 채목사는 얼굴이 빨개져서 총총히 사라졌다. 최목사는 누구를 막론하고 전도하지 않는 사람은 벙어리라고 책망했던 것이다.

하루는 평양 경찰서장이 말을 타고 네거리를 지나갔다. 최목사가 그것을 보고 얼른 달려가 서장의 등 뒤에서 "예수천당!" 하고 큰 목소리로 외치니 말이 놀라 후닥닥 높이 뛰어오르는 바람에 서장이 말에서 떨어져 땅에 뒹굴었다. 서장은 얼마 후 털고 일어나더니 칼을 뻔쩍 빼어들고 최목사를 향해

"고노야로(이놈)"

하고 호령했다. 그러나 최목사는 조금도 두려워하지 않고

다시 한 번 "예수천당"을 크게 외쳤다. 서장은 정신병자인 줄 알고 말을 몰고 급히 사라졌다.

하루는 평양에서 목회하고 있는 교역자들이 한 자리에 모여 한국교계의 은인인 마펫 목사의 동상을 세우기로 의견을 모았다. 그가 창립한 평양신학교 마당에 그의 위대한 업적을 길이 이 땅에 남겨 후세에 전하려는 취지에 반대할 사람은 하나도 없었다. 그리하여 일사천리로 모금 방법과 설립위원을 결정하려는 단계에 이르렀다. 그때였다.

"회장 의견이 있소."

하고 큰 목소리로 말하면서 손을 번쩍 드는 사람이 있었다. 최목사였다. 좌중은 깜짝 놀라 그의 말에 귀를 기울였다.

"나 최목사는 동상 건립에 반대하오. 나도 마펫 목사를 누구 못지않게 존경하오. 그러나 만일 동상을 세우게 되면 우리 한국의 교인들은 옛부터 젖어온 습성으로 동상 앞에 엎드려 절을 하여 동상은 우상이 되어 버릴 것이 빤해요. 이래도 괜찮겠어요?"

이때 회장은 최목사를 향해

"최목사님의 말씀은 괜한 기우에 지나지 않습니다. 동상이 어찌 우상이 될 수 있습니까?"

하고 가부를 물으니 대부분의 목사들이 동상건립을 찬성했다. 그러자 최목사는 자리에서 일어나 퉁명스럽게 말했다.

"여러분은 동상을 세우세요. 나는 도끼를 들고 찍어버리겠소!"

이리하여 동상건립은 취소됐고 대신 평양에 마펫 목사의 기념관과 기념비를 세우게 되었다.

5. 내가 앞장서지요.

일찍 박관준 장로와 함께 일본에 건너가 신사참배 부당성을 호소한 적이 있는 안이숙 여사는 저서 〈죽으면 죽으리라〉에서 최권능 목사에 대해 이렇게 쓰고 있다.

'그를 미치광이라고 업신여기는 사람도 있었지만 그는 몹시 깨끗한 인격자였다. 오래 같이 앉아 있어도 노인 냄새가 전혀 없었다. 그는 말이 솔직하고 거동이 공손했다.'

한국 교계가 신사참배 문제로 큰 곤욕을 치르고 있을 때였다. 1939년 5월 그는 선천 경찰서에 구금되어 신원조사가 끝나자 평양경찰서로 넘어갔다.

"취조라는 것은 때리는 건가? 사실을 알아보는 건가?"

최목사는 몽둥이세례를 안기는 형사에게 어처구니가 없다는 듯이 항의했다.

"닥쳐 여우 같은 놈의 늙은이!"

형사가 곤봉으로 더욱 세차게 난타하니 최목사는 콘크리트 바닥에 쓰러졌다. 온몸이 찢기고 터져 피투성이가 되었다. 그러면서도 그의 입에서는 예수탄이 튀어나왔다. "예수 천당!" 이게 아직 매가 모자라는 모양이군, 또 몽둥이 찜질.

최목사는 아프다는 말 대신 "예수천당!" 소리를 지르기 시작했다. 매질 소리 탁! "예수천당!" 탁탁 "예수천당!" 탁탁탁 "예수천당 으음" 탁 "예수천당!" 형사가 이상해서 물었다.

"영감 말끝마다 예수천당 하는데 대체 그 뜻이 무엇이오?"

"내 몸에는 예수님이 가득 차 있소. 그래서 내 몸이 꿈틀거릴 적마다 예수님이 입 밖으로 튀어나와요. 형사가 나를 때리면 때릴수록 예수님이 내 입에서 튀어나오는 것이오."

형사는 어이가 없어 몽둥이를 놓았다. 사실 저들은 취조할 건덕지도 없었다. 매와 위협으로 상대방의 신앙을 꺾자는 것뿐이었다. 이듬해 최목사는 평양 형무소로 이감되었다.

아무 죄목이 없이 여호와 하나님을 일본의 천황보다 더욱 섬긴 유일신 신앙 때문에 평양 형무소에서 6년의 세월이 흘렀다. 그가 70이 넘은 노인이 되었다. 최목사는 옥중에서 기도와 찬송으로 주님과 교제하는 것만이 유일한 즐거움이었다.

그는 이해 3.1절에 드디어 40일 금식기도에 들어갔다. 이것은 영과 육을 하나님께 드리는 산제물의 결단이었다. 그의 육은 점점 시들어 노쇠해 갔지만 영은 날이 갈수록 맑고 새로워졌다.

4월 20일 금식이 끝났을 때 그는 송장이 되어 있었다. 형무소에서는 더 이상 회생 불능상태에서 의사의 진단을 받고 건강을 찾을 때까지 병보석으로 석방하였다. 그리하여 최목사는 감옥에서 평양 기홀병원으로 직행하였다. 링거주사를 맞으려고 해도 가죽과 뼈가 마주 붙어서 바늘을 꽂을 수가 없어 미음과 과일즙을 조금씩 마셨다. 위문객이 줄을 이었다. 병원장 장기려 박사는 최목사의 안정을 위해 면회사절을 요구했으나,

"장박사 그리 마시오. 나 위해 오는 형제를 기쁘게 맞아주는 것이 도리가 아니오."

그리하여 문병 오는 사람들을 받아주는 것이었다. 1944년 4월 15일 오후 1시 최목사는 가족과 교인들이 지켜보는 가운데,

"하늘에서 나를 오라는 전보가 왔구나."

하고 가느다란 목소리로

고생과 수고 다 지나간 후
광명한 천국에 편히 쉴 때
인애한 주 모시고서 사는 것
영원히 내 영광되리로다.

찬송가 소리가 점점 작아지더니 얼굴에 웃음을 띠고 조용히 눈을 감았다. 유해는 19일 고등계 형사들의 눈을 피해 200여 명의 문상객들이 모인 가운데 평양 기독교 묘지 돌박산에 안치되었다.

3
부흥사 김익두 목사의 순교

　3.1 운동을 전후한 자유주의 신학사조와 정치적 소용돌이에 휩쓸려 위기에 봉착한 한국 교계에 어둠을 밝히려는 별이 하나 있었으니 그가 김익두 목사였다.
　일제의 신사참배 강요, 공산 치하의 고문, 실로 엄청난 시련의 연속이었다. 그는 신앙을 지키기 위하여 무수한 고문으로 몸은 성한 곳이 없이 멍이 들었고 피투성이가 되었다.
　마침내 괴뢰군의 총에 맞아 순교하기까지 실로 그의 삶은 파란만장한 수난의 험한 길이었다. 그의 삶을 돌아보고 한국 기독교회 역사가 얼마나 어렵게 이어져 왔는가를 대변해 주고 있는 것이다.

1. 능력의 사자 김익두 목사

　한국의 초대교회가 길선주 목사의 부흥 운동을 통하여 터가 잡힌 후 3.1운동 전후해서 자유주의 신학 사조와 정치적 소용돌이에 휩쓸려 위기에 봉착한 한국교계에 경종을 울리기 위해 하나님이 보내신 사자가 김익두 목사이다.

그는 가는 곳마다 부흥의 불길을 일으키며 많은 사람들을 하나님 앞으로 인도하여 부흥회라면 김익두를 연상케 하였다. 그의 놀라운 권능은 자타가 인정하는 것으로 이에 대한 그의 자부심도 대단한 것이었다.

이것은 베드로는 어떤 사람이며 나는 어떤 사람인가? 그도 장부요, 나도 장부다 그도 신자이고 나도 신자이다. 나는 그의 말에 김인서 목사는 그의 저서 〈한국교회 순교자와 그 설교집에서〉는 김익두에 대해 이렇게 말하고 있다. 선생에게 임하였던 권능은 과연 사도 이후의 큰 권능이다.

근대의 우리의 부흥을 말하거니와 그 공적은 선생보다 많았다 하겠지만 그 권능은 선생보다 미치지 못할 것이다. 선생으로 하여금 우리의 자리에 서게 하였다면 우리 못지않은 업적을 이루었을 것이다.

다음은 그의 목소리를 들어보자. 그는 '신자의 즐거움'이라는 제목의 설교에서 이렇게 외치고 있다.

동양의 어떤 성현의 말씀에 세 가지 즐거움이 있으니
① 하나님과 사람에게 부끄러움이 없는 생활이고
② 부모와 형제가 있는 것이 즐거움이고
③ 천하에 영재를 많이 가르치는 것이 셋째 즐거움이라 하였다.

또한 기도의 응답의 즐거움이 있습니다.
① 히스기야 임금이 밤이 새도록 성전에서 눈물을 흘리며 기도한 결과 앗수로 군대 185,000명이 모두 시체가 되어 승리의 기쁨으로 응답하였다.
② 모르드개와 에스더가 3일간 단식하고 죽으면 죽으리라는 일사각오하고 조정에 나가 사실을 아뢴 결과 전멸 직전의 수많은 동족을 구원하는 기도의 응답을 받았다.
③ 뿐만이 아니라 엘리야의 응답의 기도는 바알신의 제사장과 아세라신의 제사장 850대 1의 대결이었다. 갈멜산 제단에 불이 내림으로써 거짓 제사장 850명은 죽었고 하나님이 살아 계시다는 확증을 전 이스라엘에 입증하는 승리의 응답이었다.
④ 말씀과 도를 깨닫고 진리의 단맛이야말로 즐거운 하나님의 응답의 축복이고 영생의 도에 도달케 하는 것이다.
⑤ 전도의 즐거움이 또한 대단한 하나님의 축복의 즐거움이 되는 것이다.
⑥ 창조주 하나님을 발견한 축복의 즐거움이다.
⑦ 마지막 축복의 즐거움은 영생의 축복이 즐거움이 된다.
그는 한국 전국을 돌며 복음의 씨를 뿌렸고 중국과 일본

그리고 시베리아까지 하나님의 복음을 전하였다. 그는 776회 부흥회를 인도하였고 28,000여 회 설교를 하고 788만여 명이 그의 인도로 하나님께 영광을 돌렸다. 그동안 18,500만 원의 헌금이 모이고 150여 개의 교회를 신축한 김익두 그는 한국의 베드로라고 할 수 있었던 것이다.

김익두는 1874년 1월 3일 황해도 안악군 대원면 편촌리의 한 농가에서 아버지 김응진과 어머니 전씨의 외아들로 태어났다. 조정에서는 대원군이 집권하여 쇄국정책을 실시하던 때라 민심은 불안하고 교회는 환란 가운데 있었다.

그러나 서양의 새로운 문명이 문을 두드리는 여명기에 처해 있었으며 복음은 들어온 지 이미 오래 되었다. 소년 김익두는 건강한 체력에 총명한 두뇌를 소유하여 아버지에게서 한문을 배우고 수학까지 익혔다. 아버지 김응선은 한문에 능한 호걸풍의 사람으로 집안일을 잘 돌보지 않아 가난을 면치 못했으나 어머니 전씨는 현숙한 분으로 살림을 규모 있게 꾸려나갔다.

김익두가 13세 때 아버지는 병으로 임종이 가까워지자 외아들을 머리맡에 불러 손을 꼭 잡고 너는 사람 구실을 제대로 해야 한다는 유언을 남기고 세상을 떠났다.

그 후 어머니가 장질부사에 걸려 병석에 신음하게 되자 효성이 지극한 소년 김익두는 30리 밖에 있는 의원을 찾아가 청해 정성껏 간호하여 병에서 소생하게 했다. 그는 강단에서 어머니의 이야기를 하며 눈물을 짓기도 했다.

　16세 때 서울에 와서 과거에 응시했으나 낙방하고 귀향하여 얌전한 규수 김익진과 결혼하고 17세에 조그마한 가게를 시작했다. 이 무렵부터 똑똑한 그는 소년들이 그렇듯이 인생 문제에 대해 고민하기 시작했다. 인간은 무엇 때문에 사는가? 인간은 왜 모두 죽어야 하나? 죽으면 어떻게 되는가? 등 의문이 잇따라 일어났다.

　그리하여 이런 인생문제 해답을 찾기 위하여 동학에 따라가 보기도 하고 불도에 귀의해 보기도 했으나 만족하지 못하여 방황하던 20세의 청년시절 유혹의 마가 찾아들었다. 이때부터 김익두는 주색잡기에 빠지고 끝내는 불한당으로 전락하였다. 그리하여 이 무렵 그는 세인의 눈살을 찌푸리게 하는 행패를 수없이 부렸다. 워낙 키가 크고 힘이 센지라 불량자가 되어 공짜 술도 많이 얻어먹었다고 한다.

　장날이면 장에 가던 사람들이 언덕 고개에 올라 성황당 귀신에게 침을 뱉고 돌을 던지며 오늘 장에 가서 김익두를 만나지 않게 해 달라고 빌었다는 이야기가 있다.

　그런 김익두가 하나님의 부르심을 받게 된 것은 1900년 그가 27세가 되는 해였다. 그 당시 황해도에는 유태인 피득 목사가 선교사로 활동하여 안악에도 4,50명이 모이는 교회가 있었다. 김익두는 믿음이 독실한 교인 박태환(후에 장로가 됨)의 인도로 처음으로 교회 나와 그때 마침 지방 순회

길에 안악교회에 들른 평양의 소안륜 목사가 '영생'이라는 제목으로 설교하는 것을 듣고 크게 깨달은 바가 있어 세 번만에 주일에 입교하게 되었다.

이 김익두가 후일 한국의 대 부흥사가 되리라고 생각한 사람은 하나도 없었다. 김익두가 입교하는 날 어머니는 아들이 귀신을 때려 부수는 꿈을 꾸고 교회에 나갔으며 부인도 같이 나갔다. 이렇게 대부흥사의 전도는 가정에서부터 시작되었다.

2. 놀라운 부흥

그런데 김익두가 입교한 지 3개월이 지난 어느 날 길에서 우연히 만난 전의 술친구들에게 억지로 끌려가 술자리에 앉게 되었다. 처음에는 입에 술을 일절 대지 않고 안주만 집어먹었는데 친구가 술잔을 들고 입에 술을 퍼붓는 바람에 억지로 마시다가 술에 취하여 기생을 희롱까지 하게 되었다. 그러다가 내가 이래서는 안 되지 하고 번개 같은 생각에 문을 박차고 나와 버렸다.

그가 산 속에 들어가 자기의 잘못을 눈물로 통회하면서 열심히 기도하는데 비몽사몽간에 큰 불덩이가 가슴에 떨어지는 것을 느꼈다. 그는 성령의 불세례를 받은 것이다. 이 때부터 그는 주의 피로 죄가 사해짐을 받고 죄를 두려워하고 미워하게 되었다.

1900년 9월 김익두는 선교사 소안론 목사에게 세례를 받기 위해 한 달 동안 경건히 보내면서 집회를 기다렸으나 소안론 목사의 안악 순례가 1년 8개월이나 지연되었다. 그러나 그는 실망하지 않고 20개월 동안 금욕하고 성경을 백 독이나 하면서 때를 기다렸다. 이것은 이미 불세례를 받은 김익두로서는 필요 없는 일이었으나 이런 정성과 끈기는 대부흥사로서의 그에게 큰 밑거름이 되었다.

  그는 28세 때에 신약종상을 경영하여 1년에 1,000원 가량의 수익을 올렸으나 재령읍 교회가 전도사로 초빙하자 번창하던 약종상을 그만두고 월급 4원의 교역자 생활을 하기 시작했다. 그가 재령교회 부임하였을 때 교인은 여자가 10명 남자는 단 1명밖에 없는 빈약하기 짝이 없는 교회였으나 1년도 못 되어 여자가 30명 남자가 10명으로 4,50명에 이르렀다. 그 해 10월에 김익두 전도사는 소안론 목사의 부탁을 받아 신천에 전임했는데 이때부터 김익두의 신천, 신천의 김익두가 되었다.

  김전도사는 신천에서 갖은 핍박을 다 받았다. 당시 신천은 개척지였다. 사람들은 김익두가 사람들에게 서양귀신을 섬기게 한다고 발길로 차고 돌팔매질을 하고 욕설과 조롱을 했다. 그는 신천에 온 지 10개월 만에 입산 금식기도를 하면서 최소한 세 사람의 신도를 주시옵소서 하고 하나님께 떼를 썼다. 기도의 응답을 얻어 세 사람의 새 신도를 얻게 되었고 얼마 후에는 30명으로 늘어나 이들이 신천교회 모체가 되었다. 그 후 이곳에 사는 돈 많은 신도가 800원을 연보하여 교회를 구입하게 되자 교회는 급속도로 부흥하고 발전하게 되었다.

1906년 김익두는 평양 신학교에 입학하여 1910년 제3회로 졸업을 하였다. 같은 해 그는 5천여 원의 연보로 교회를 새로 건축하고 목사 안수를 받으며 1920년에는 제9회 총회장에 당선되었다.

김목사가 시무하는 신천교회는 1924년에 700여 명의 신도가 모이게 되어 부득이 동부교회와 서부교회로 나누게 되었다. 이듬해 신천을 떠난 후에도 해마다 한 차례씩 신천에 가서 부흥회를 인도하였으며 집회 때마다 사람들이 몰려와 대성황을 이루었다. 그가 시무한 신천읍 교회에서는 목사만 해도 유해천을 비롯하여 10여 명에 이르렀다.

김익두 목사 초기에 부흥회에서는 이적이 나타나 사도행전의 기사를 20세기에 재현했다. 김목사의 이적은 임택권 목사가 이적 증명회를 발족시켜 3년 동안 각처에서 나타난 이적을 실제로 조사하여 1920년 이적증명서를 발행함으로써 세상에 널리 알려지게 되었다.

김익두 목사도 처음에는 이적에 대하여 사도나 성자들이나 나타날 수 있는 것이라고 생각하였다. 그러나 김목사는 부흥 강사로 전국을 누비고 돌아다닐 때 복음을 증거하기 위해서 나병자를 위해서는 이적의 필요성을 느꼈으며 최권능 목사님도 그때부터 이적을 경험했던 것이다.

신천에서 전도사로 있을 때 일이다. 한번은 거리에서 구걸하는 앉은뱅이를 보고 베드로처럼 그의 손을 붙들고 일어나라고 외쳤다. 그러자 앉은뱅이는 김익두의 얼굴을 쳐다보면서 일어나기는 제가 어떻게 일어납니까? 하고 반문하는 것이었다. 김익두는 몹시 난처했다. 그는 얼른 주머니에서 돈 몇 푼을 집어주고 부끄럽게 자리를 떠났다. 그는 초대교회 사도와 같이 신유의 은사가 있으면 얼마나 좋았을까 아쉬워하였다.

그러던 어느 날 마가복음을 뒤적이다가 믿는 자들에게는 이런 표적이 따르리니 곧 저희가 내 이름으로 귀신을 쫓아내고 병든 자에게 손을 얹은즉 낳으리라(막 16:17-18). 순간 갑자기 마음이 뜨거워지면서 하나님의 권능은 변함이 없으니 오늘에도 주께서 신유의 은사를 주시면 반드시 이 말씀 그대로 이루어질 것을 확신하였다.

한 달 후에 김익두는 기도의 응답을 받아 신유의 능력이 나타나기 시작했다. 그 몇 가지 실례를 들면 1919년 12월 경북 달성군 현풍교회에서 부흥회를 인도할 때 턱 떨어진 박수진이라는 걸인을 위해 금식기도를 하는 중에 그의 턱이 깨끗이 원상복구가 되었다. 박수진은 하도 기뻐서 덩실덩실 춤을 추었다. 김익두는 하나님의 은혜가 그에게 내렸으니 이름을 박수은으로 고치게 하였다.

1919년 12월 경북 경산읍 교회의 부흥 집회중에 김송금 여인의 3년된 중풍이 안수기도로 안쾌되었으며 경산군 고산면 월사교회의 여신도 박달옥씨는 17년이나 된 혈루증이 김목사의 안수로 완치되었다.

1920년 4월에 있은 대구 집회에서는 800여 명의 새로운 결신자가 났다. 반신불수로 오래 고생하던 36세 된 장의덕 씨가 완치되었다. 같은 해 5월에 부산에서 열린 부흥회에서는 김낙인의 아들 생후 8개월 된 앉은뱅이가(두수가) 안수 기도를 받고 완치되었다. 전주에서 열린 부흥회서는 김해에 사는 김수경 씨가 23년이나 된 혈루병이 안수 기도로 완치되었다.

그리고 6월 30일에 평양 시내에 일곱 교회가 연합하여 개최된 대부흥회에서는 6,000명이나 되는 청중이 모여왔다. 많은 기적과 기사와 능력과 6만 원의 헌금이 모였다고 하였다.

김익두 목사는 길선주 목사의 1907년 대부흥에 뒤를 이어 1919년부터 부흥사로서 큰 성과를 올렸으며 그 뒤를 이은 사람이 이성봉 목사이다.

3. 일제 치하에서

일제는 기독교를 저들의 식민지 통치에 커다란 장애물로

간주하였다. 그들은 교회를 항일 애국사상의 발상지로 보고 교인들을 음으로 양으로 탄압했으며 드디어 노골적인 배교의 수단으로 신사 참배를 강요하기에 이르렀다.

신사 참배는 두말할 것 없는 우상숭배요 하나님께 대한 모독이고 배교가 되는 것이다. 그리하여 많은 교역자와 신도들은 어려운 시험에 봉착하였고 끝까지 신사참배를 거역함으로 많은 옥고와 희생을 당하였다.

해방을 당하여 일제가 물러가자 교역자들이 평양신학교에서 일제하에 신사참배를 회개하는 모임을 가지게 되었다. 나이 70세가 이미 넘은 김익두 목사는 연사로 강당에 설교하던 도중 내가 일정 때 신의주 제일교회에서 부흥회를 인도할 때 왜경에 이끌려 신사 앞에 갔던 건 사실입니다. 하고 신상 발언을 했다. 그러자 장내는 갑자기 물을 끼얹은 듯이 숙연해지면서 다음 말을 기다렸다.

그러나 나는 결코 신상 앞에 머리를 숙이지 않았습니다 하고 김목사가 채 말이 끝나기 전에 청중 속에 앉아 있던 채정민 목사가 강단으로 뛰어 올라와 "그래 네가 잘했단 말인가?" 하고 김목사를 지팡이로 후려갈겼다. 모두들 아연실색하는데 김목사는 웃는 얼굴로

"형님 왜 이러십니까? 너무 흥분하지 마시고 자리로 돌아가 제 이야기를 다 듣고 나서 말씀하세요."

하고 조용히 말했다. 그러자 장내에서는 진정하라는 소리

가 높아 채목사가 퇴장한 뒤, 김목사는 설교를 계속했다. 그의 설교는 장내에 모인 교역자들의 심금을 울려 은혜스럽게 집회를 마쳤다.

일제가 이른바 황민화 운동의 일환으로 강요한 신사참배는 교계 큰 시련을 안겨주었다. 일제는 신사참배가 종교의식이 아니라 국가의식이라는 그럴싸한 궤변으로 저들의 악랄한 책동을 합리화하려고 했다. 교역자와 신도들은 진퇴양난에 빠졌다. 신사참배를 하자니 양심이 허락지 아니하고 이를 거절하자니 저들의 핍박의 고난이 이루어졌다.

1938년 9월 대한예수교장로회에서는 총회를 열고 이 문제를 토의한 끝에 박응률 목사의 찬성 발언에 따라 사회를 보던 총회장 홍택기는 신사참배하기로 가결해 버렸다. 이 무렵에 김익두 목사는 서울에서 부흥집회를 인도하고 있었다. 종로 경찰서에도 김익두 목사의 부흥회에 형사대를 파견했다. 김목사의 설교는 형사들에게도 큰 감동을 주어 많은 결신자를 가지게 되었다.

그런데 일제는 총회 결의에도 불구하고 신사참배 실적이 부실하자 원로목사들을 신사에 참예하게 하여 일반 신도들의 본을 보이도록 하였다. 저들이 부흥사로 전국에 알려져 있고 총회장까지 지낸 김익두를 가만히 둘 리가 없었.

하루는 종로서에서 형사 한 사람이 김목사를 찾아왔다. 김목사는 올 것이 왔구나 하고 물었다.

"나를 연행하려 왔소?"

"아니, 그게 아니라 상부 지시가 있어서요."

그러자 형사는 신사참배 문제를 끄집어내었다. 신사 참배 하는 것은 국민의 도리니 과거의 지도자가 이것을 외면해서는 안 되지 않느냐는 것이었다.

"우리 교인은 하나님을 마음의 아버지로 알고 있음으로 다른 신은 섬기지 못합니다. 당신 같으면 두 아버지를 섬길 수 있겠소?"

하고 김익두 목사는 반문했다.

"신사 참배하는 건 단지 국민된 의례로서 고개를 한번 숙일 뿐인데, 그렇다고 다른 신을 섬긴다고 할 수는 없지 않았습니까?"

속이 빤히 드러나는 말이었다. 김목사가 끝내 거절하자 형사는 상부의 지시가 있으므로 선생께서는 깊이 생각하셔서 후회가 없도록 하세요 하고 가버렸다. 그 후 형사들이 번갈아 매일 찾아와서 신사참배를 종용했으나 김목사는 요지부동이었다.

하루는 형사가 와서 말을 몇 마디 주고받고 나서 정 그리 하시다면 당국으로서도 별 도리가 없겠소 하고 돌아갔다. 며칠 후 형사대가 찾아와서 서장님이 선생을 좀 보자고 합니다 하고 말했다. 김목사는 말없이 형사를 따라 나섰다. 서장은 김목사를 안내한 형사들을 밖으로 내보내고 신사참배 문제를 꺼내었다.

"보고는 들었습니다. 남의 이목 때문에 참배를 거절하신다면 내가 모실 테니까 잠깐 산에 올라갔다 옵시다."

서장으로서 김목사에게 할 수 있는 마지막 선심이었다. 그럴 필요가 없다고 김목사는 한 마디로 거절했다.

"간단한 일인데 그럴 것 없지 않습니까? 협조하시면 앞으로 목사님 부흥운동에 힘이 되어 드리겠습니다."

"나는 절대로 두 신을 섬길 수 없습니다."

"끝까지 고집을 부리시는군요 좋아요."

서장은 이렇게 쏘아붙였다.

김익두가 끌려들어간 곳은 군데군데 핏자국이 남아 있는 때 절은 다다미방이었다. 형사가 김익두를 방바닥에 꿇어앉히고 나가더니 곧 두 사람의 형사가 들어왔다.

"영감, 고집 작작 부리지 그래."

첫마디부터 거칠게 나왔다.

"영감, 신사참배 정 못하겠소? 이 영감 맛좀 보아야 알겠군!"

두 형사는 목검으로 김익두를 번갈아 가면서 어깨와 등허리를 사정없이 후려갈겼다.

"주여, 힘을 주소서."

김익두는 고통을 이기지 못하고 자리에 쓰러지고 말았다. 정신을 차리고 주위를 살펴보니 어느새 싸늘한 감방에 와 있었다.

 이튿날 왜경은 김익두에게 더욱 심한 고통을 가했다. 저들은 양쪽 손가락 사이에 굵은 각목을 끼우고 마구 비틀었다. 속으로 이 고통을 감당케 하옵소서 이를 깨물고 끝까지 버티었다.

 고문은 날이 갈수록 더 심하였다. 다음날에는 형사들이 손을 의자 다리에 붙잡아매고 손톱 밑에 대나무 침을 찔러넣으면서 굴복하라고 윽박질렀다. 김익두는 쏘는 듯한 아픔을 못 이겨 "주여, 주여" 외마디 소리를 질렀다.

 "듣기 싫다! 주가 뭐 네 놈 할아비냐?"

 형사 하나가 소리를 질렀다. 저들의 행패는 여기서 끝나지 않았다. 형사들은 김익두를 반듯이 눕히고 보자기로 얼굴을 가리더니 한 끝이 양동이 독에 감긴 호수를 얼굴에 대고 물을 붓기 시작했다. 보자기가 물에 젖으면서 숨통이 막혀 정신이 차츰 몽롱해갔다.

 "주여, 이 영혼을 거두소서."

 김익두는 만신창이가 되어 서장실로 끌려갔다.

 "당신은 오늘 이 시간 후로 사람들에게 설교해서는 안 되오. 국민으로서 국가의 시책을 어기는 자를 목사로 인정할 수 없소."

 1938년 조선예수교장로회 총회가 불법으로 신사참배를 가결한 지 4년이 지난 후의 일이었다. 그러나 김익두는 경찰에서 풀려난 후 오직 소명감에 불타 왜경의 함구령에도 불구하고 1949년 신의주 제일교회 부흥회 강사로 초청을 받고 설교에 나섰다.

이에 격분한 왜경은 김익두가 설교를 마치고 교회문 밖에 나서자 그를 강제로 앞에 세우고 부흥회에서 집으로 돌아가는 많은 교우들을 몰아 신의주 신사로 연행했다.

그 후 왜경은 신앙이 약한 교역자나 일반 교인들에게 김익두 목사도 국가 시책에 협조하여 신사에 참배했는데 너희는 뭐냐는 식으로 회유하고 협박하여 뜻하는 목적을 이루려고 했다.

4. 공산치하에서

1947년 9월 소위 '조선민주주의 인민공화국'이 탄생된 후 김일성과 강양욱은 반공사상의 온상인 기독교를 조직적으로 통제하기 위해 결성한 기독교 연맹을 범국가적 기독교 단체로 확대 개편하기로 했다.

그리하여 처음에는 교역자들에게 가입할 것을 요구하더니 1948년부터는 일반 신도들에게까지 가입을 확대했다.

"목사님, 저들이 우리를 한데 묶어 활동을 재개하려고 하니 어떡하면 좋습니까?"

하루는 교회 제직들이 김익두 목사에게 몰려와 이렇게 물었다.

"우리가 저들과 싸우는 길은 두 가지가 있어요. 밖에서 싸우는 길과 안에서 싸우는 길이 그것이오. 지금은 우리의 여건으로 볼 때 밖에서보다 안에서 싸우는 게 유리할 것 같소."

제직들은 김익두 목사의 의중을 알 수 있었으나 기독교 연맹에 가입하는 것을 한사코 반대하는 교역자들이 신경이 쓰였다.

"그러나 순교를 각오하고 연맹에 가입하지 않으려는 목사님들도 꽤 있는데요."

"그건 물론 장한 일이오. 그렇지만 누구나 순교할 수도 없고 또 그렇게 돼도 안 되오. 다 죽고 나면 양떼들은 누가 이끈단 말이오."

했다. 제직들은 김익두 목사의 이런 고충을 헤아려 기독교도 연맹에 이름을 올리기로 했다. 그런데 이듬해 봄이었다. 하루는 민청에서 청년 몇 사람이 김일성의 사진을 들고 신천의 김목사를 찾아와서 교회 안에 걸라고 했다. 김목사는 기가 막혔다.

"대체 누가 이 사진을 우리 교회에 걸라고 하던가?"

"그건 알아서 뭘 할 건가? 국민으로서 국가 원수의 사진을 거는 게 이상할 것이 없지 않아요?"

"나는 못 걸겠네. 강량욱에게 가서 내 못 걸겠다고 하더라고 전하게."

이 광경을 목격한 교인들은 김목사에게 불원간 큰일이 생길 것으로 알고 불안하기 짝이 없었다. 그런데 예상과는 달리 며칠 후에 강량욱이 승용차를 몰고 와서 김목사를 극진히 모시는 것이었다.

"대체 어디로 가는 겁니까?"

"김 목사님이 방송국에 가서 연설을 좀 해주셔야겠습니다."

"갑자기 연설이라니요?"

그제야 강양욱은 김목사에게 이번에 기독교 연맹총회에서 총회장에 선출되었다는 사실을 알려주고 인사말을 겸해서 연설을 부탁한다는 것이었다.

김목사는 어리벙벙했다. 어떻게 본인의 의사도 묻지 아니하고 이럴 수가 있단 말인가? 그러나 이것이 공산당의 수법이었다. 저들은 목적을 위해서는 수단과 방법을 가리지 않았다. 김익두의 명성을 이용하기 위해 명목상 꼭 총회장 자리에 앉혀야 할 터인데 십상팔구 거절할 것이라고 내다본 저들은 우선 이름부터 올려놓고 사후 양해를 구하려는 것이었다.

"아니, 이런 법이 어디 있어요?"

김목사가 항의하자 강량욱은 김목사의 손을 꼭 잡고

"실무자의 불찰로 일이 그렇게 되어서 미안합니다. 이미 명단이 발표되었으니 어떻게 합니까? 잘해봅시다."

하고 얼버무렸다. 김익두 목사는 이왕 이렇게 된 바에는 역으로 저들을 이용하여 전국을 순회하면서 저들이 주는 직함으로 복음 전파운동을 꾀하였다. 그러나 김목사는 명예뿐이고 실권은 허락하지 않았다. 기독교 연맹총회가 발족되자 장로교회와 감리교회 양파의 신학교를 설립하고 교장에는 연맹총회의 부회장인 김응순이 들어앉았다. 기독교를 공산당에 예속시키기 위한 작업의 일환이었다. 이때에 연맹총회가 저지른 가장 큰 죄과는 연맹에 가입하지 않은 교직자들을 파면시킨 것이다. 이들은 뒤이어 검거 투옥했다.

남침계획을 완료한 김일성은 기독교를 철저히 소탕할 것을 획책했다. 이때 북한 교회 교역자들은 거의가 감옥에 투옥되었고 남아 있던 교회 지도자들은 일제히 검거하고 교회를 철수하였다. 그리하여 북한의 교회들은 6.25 전쟁이 터져 유엔군에 폭격이 심해지자 저들은 교회에 행정기관을 대피시켰다.

그러나 유엔군이 북진을 감행하자 저들은 후퇴할 때 교회를 모조리 소각해 버리고 교역자들과 교인들을 무더기로 학살하였다. 6.25전쟁이 일어나자 김익두 목사가 시무하는 교회가 있는 신천읍을 중심한 반공 기독교 청년들은 괴뢰군의 후방 기지를 교란하기 위해 게릴라 활동을 개시하였다.

김익두 목사는 이들의 반공투쟁 소식을 들으면서 하루 속히 국군과 유엔군이 신천을 탈환해 주기를 기도하였다. 그는 비밀히 듣는 방송을 통해 9월 23일 수도 서울이 탈환되었다는 뉴스를 들었으며 며칠 후에는 신천 가까이 진군해 왔다는 것을 알게 되었다.

괴뢰군은 신천에서 패주하기 시작했다. 1950년 1월 14일 새벽 4시경 김목사는 감격에 벅찬 가슴을 안고 교회 종탑으로 달려갔다. 새벽 기도회를 인도할 생각이었다. 어둠이 사라지고 드디어 새날이 밝아오는 것이다.

"감사합니다, 하나님, 저들의 압제에서 이 백성을 구해주셨으니 감사합니다."

김 목사는 종탑의 기둥을 끌어안고 잠시 기도하고 나서 종을 울렸다. 삽시간에 50여 명의 교인들이 몰려왔다. 김목사가 강단에 서서 기도와 찬송을 마치고 설교를 시작했을 때였다. 갑자기 기독 청년들이 모여와 여러분 위험하니 잠깐 피하고 몸을 숨기시오 하고 소리쳤다. 아직 괴뢰군 패잔병들이 교회 뒷산으로 도망치고 있는 중이었다. 그러나 김목사와 교인들은 교회를 떠나려고 하지 않고 계속해서 예배를 진행하고 있었다.

예배가 끝나자 교인들은 모두 집으로 돌아가고 김목사와 몇몇 교인들이 남아 기도하고 있었다. 그때였다. 패주하던 괴뢰군 이분대가 교회 뒷산에 잠복해 있다가 교회 안으로 들이닥쳤다.

"아니 웬 사람들이 하나님의 성전에 구둣발로 들어오는

거요?"
 기도를 하고 있던 김목사는 쿵쿵거리는 소리에 고개를 돌리고 괴뢰군들을 꾸짖었다.
 "이 영감쟁이가 무슨 잔소리야."
 손자뻘밖에 안 되는 괴뢰병은 할아버지 같은 분에게 눈을 부릅뜨고 큰소리를 쳤다.
 "어서들 나가요! 여기는 총칼을 메고 함부로 들어오는 곳이 아니오."
 "영감! 목사요?"
 "그렇소."
 "반동이군."
 괴뢰군의 지휘자인 듯한 자가 김목사의 가슴에 따발총을 들이대자 4,5명 교인들이 가로막아서면서 외쳤다.
 "안 돼요. 이 어른은 하나님의 일꾼이요."
 "저리 비키지 못해!"
 괴뢰병의 총구가 불을 뿜었다.
 앗! 주여- 교인 한 사람이 퍽 쓰러졌다.
 "죄 없는 사람 해치지 말아요. 천벌이 두렵지 않아?"
 감목사가 큰소리로 괴뢰병에게 호령했다.
 "뭐이 어때?"
 탕탕탕!! 김목사가 나무토막같이 쓰러졌다. 김목사의 몸에서 흐른 선혈이 낭자하게 마룻바닥을 피로 물들였다.

4
주기철 목사의 순교

　주기철 목사는 1897년-1977년 계셨던 분이다.
　피로 물든 우리나라 기독교 수난기를 유난히 아프게 살다 간 목사였다. 일제의 신사참배를 끝까지 거부한 그의 영력을 대할 때 솟아난 용기를 감지하게 되며, 동시에 숱한 고문과 감옥에서의 생활을 보면 가슴이 저리도록 아파 온다. 세상 권세와 죽음의 권세를 이기고 마침내 순교하기까지의 목사님의 생애는 실로 고난의 가시밭길이었다.
　진실로 주목사는 십자가만을 붙들고 주님의 고난에 동참한 믿음의 거성으로 우리 마음을 성령의 불도가니 속으로 밀어 넣는 힘을 가졌다.

1. 창원의 신동으로

　주기철 목사는 철저한 장로교 보수 신앙을 가진 창조주 하나님 유일신 외에 다른 신들을 섬기는 것은 사신 우상을 섬기는 것이라고 단정을 하고 있다.

1940년 어느 날 여름 주일에 평양 경찰서에서 시미즈 고등계 주임이 몇 형사를 대동하고 교회를 찾아왔다. 주목사에게

"오늘부터 설교해서는 안 돼."

주목사는 어이가 없어 조용히 타이르듯이 말했다.

"나는 하나님으로부터 설교할 권리를 받았소. 그러니 경찰서에서 설교를 하라 마라 할 수는 없는 것이오."

그러자 시미즈는 한결 험상궂은 얼굴로 눈을 부라리면서 말했다.

"경찰에서 금하는 데도 설교하면 체포하겠소. 맘대로 하시오. 나는 내가 할 일을 할 거요. 대 일본제국 경찰관의 명령을 어기겠다는 거요?"

시미즈는 칼을 휘두르며 언성을 높였다.

"일본의 헌법은 종교의 자유를 보장하고 있소. 당신들이 예배를 방해하면 헌법을 어기는 것이오."

주목사는 위엄 있게 말했다. 시미즈는 말문이 막혀 우물쭈물하다가 일단 돌아가 버렸다.

주기철 목사는 1879년 경남 창원군 웅천면 북부리에서 주현성 장로와 조재선 여사 사이에 4남으로 태어났다. 일찍부터 한문을 공부하고 8세 때 웅천면 개통학교에 입학했으며 공부를 잘하여 신동으로 알려졌다. 1910년 개통학교를 졸업한 해 한일합방이 되어 전국이 울음바다가 되었으며 같

은 해 큰형 기원이 웅천에 처음으로 작은 교회를 세웠다.

기철은 이 교회학교에 열심히 다녀 성경 이야기도 듣고 찬송도 열심히 불렀다. 기철이 개통학교에 다닐 때 아직 20대 춘원 이광수가 부산 지구로 순회강연을 나왔다가 마산으로 가는 길에 개통학교에 들려 전교생 앞에서 뜻을 굳게 먹고 부지런히 공부하여 나라를 사랑하는 훌륭한 국민이 되라는 요지의 이야기 끝에 오산학교에 대해서도 이야기했다. 당시에 정주의 오산 학교 하면 전국에 널리 알려져 있었다. 그래서 기철이는 개통학교를 졸업하고 오산학교에 입학하게 되었다.

오산학교는 남강 이승훈의 뜻을 따라, 기독교 정신으로 운영하고 있었으며 이광수 선생이 교장 대리로 영어와 국어를 가르치고 있었다. 기철이는 학업이 우수한 학생으로 교회 잘 다녔으며 크리스마스에도 강연을 맡았다.

1914년 가을에 이광수 선생이 이 학교를 떠나고 조만식 선생이 교장으로 부임하게 되었다. 조만식 선생은 기숙사에서 학생들과 같이 먹으면서 성경과 수신을 가르쳤다. 기철은 이광수 선생이 학교를 떠나 무척 서운했으나 곧 조만식 선생에게 정이 들었다. 소금으로만 양치질을 하고 팥비누로 세수를 하며 평생 국산품밖에 쓰지 않는 애국정신이 몸에 배었다.

1915년 기철이 오산학교 3학년 때 이승훈 선생은 형기를 마치고 감옥에서 풀려났다. 선생은 조회시간에 학생들에게 설교를 하고 기도를 올리기도 했다. 기철은 선생의 설교와 기도에서 많은 감동을 받았다.

1916년 기철은 오산학교를 마치고 연희전문학교 상과에 입학하였다. 그러나 얼마 안 가서 어렸을 때 앓은 눈병이 도져 눈이 아프기 시작해 칠판 글씨가 보이지 않고 노트를 정리하기도 어려운 데다가 웅천 집으로부터 재산 상속문제로 불화가 생겼다는 소식을 듣고 학업을 중단하고 집으로 돌아갔다. 그 후 상속 문제도 어느 정도 해결을 보고 눈도 나았지만 몹시 쓸쓸한 나날을 신앙으로 보냈다. 그는 새벽기도에 열심히 참석하고 청년 집회도 빠지지 않고 나가서 봉사하고 집사로 피택되었다.

이 무렵에 이적과 기사를 행하면서 전국을 순회하는 김익두 목사 집회에 참석하였다. 성령을 받으라고 외치는 김익두 목사의 고함 소리에 죄를 깨닫고 통회 자복하고 중생의 체험을 얻게 되었다. 그리고 악한 세상에 진정한 도는 살아서 역사하시는 하나님을 의지하고 따르는 것뿐이라고 생각하게 되었다.

1921년 기철은 하나님의 일꾼이 되어 헌신하려는 소명의식을 갖고 평양신학교에 입학했다. 오산학교 때부터 알게 된 나부열 박사가 신학 교장으로 있었다. 그는 기철이를 무척 반갑게 맞아주셨다. 기철이는 열심히 공부하면서 성경의 중요함을 더욱 절감하게 되었다. 성경은 인간이 적당히 지어낸 글이 아니라 성령의 감동으로 기록된 하나님의 말씀으로 신령한 지식의 원천이요 행동의 준칙이라고 생각하였다.

이 학교에서는 히브리어, 헬라어, 영어와, 음악을 마음대로 택하여 공부할 수 있게 되어 있고, 교회 헌법, 강도학 같은 과목을 제외하면 거의 모두가 성경 시간이었다. 사도신경의 정신을 똑바로 인식하고 이것을 밝히는 것이 평양신학교의 기본 정신이라고 할 수 있다.

본교는 학생에게 복음주의의 진정한 정신과 그에 대한 개인적인 책임감을 고취하고 장려하여 내 외국인에게 열심히 복음을 전파하고 그리스도 교회를 확립하는 것을 목적으로 함이 이학교의 기본방침이었다.

1922년 기철은 학교에 다니면서 양신교회 전도사 일도 맡아보게 되었고 이 해에 신축 교사가 낙성되었다. 시카고 시에 맥코믹 여사가 교사 신축비로 8만 달러를 희사하여 아담한 양옥이 마련되었다.

졸업을 앞두고 주기철 목사는 여러 가지 감회에 젖어 있었다. 남강 선생이 자기를 찾아와 동경고등사범을 마치고 오산학교를 맡아달라는 제의를 거절한 생각이 났다. 그것은 잘한 일이라고 생각되었지만 한편 송구스럽기도 했다. 기철은 남강 선생님이 얼마나 이 신학교를 사랑하고 우리 민족을 일제의 쇠사슬에서 구출하기를 열망하고 있는가를 잘 알고 있었다. 기철은 오산학교를 졸업하고 동경 유학을 원한 적도 있었으나 아버지가 허락하지 않아 뜻을 이루지 못했다.

　기철은 학자로도 대성할 수 있는 자질을 타고 났다. 그러나 기철은 인간으로서 최고의 지식은 신학이라고 생각했으며 지상에서 할 수 있는 대사업은 인간의 영혼을 구원하는 구령사업이라고 단정했다. 기철은 목사가 될 날이 가까움에 따라 사명감에 불타 날마다 새벽 예배에 참석하여 뜨겁게 기도하는 가운데 주안에 있다는 의미도 분명히 이해하게 되었다.

　"주안에 있으면 정죄함도 없나니"라는 성경을 오해하고 교회 왔다 갔다 하지만 죄에서 벗어난 줄 아는 많은 신도들의 안이한 태도를 마땅치 않게 생각해 왔지만, 이제 주안에 있다는 말의 깊은 뜻을 기도로 체득하게 되었다. 이것은 주의 성령이 마음속에 역사하면 이 성령의 불을 남에게 전하지 않고서는 견디지 못한다.

　그것은 성령 자체의 능력에 속한다. 1926년 기철은 평양 신학교를 19회로 졸업하고 바로 부산 초량교회 목사로 단을 지키게 되었다. 그의 나이는 30세가 되었다.

2. 양떼를 이끌고

　초량교회는 1893년 선교사 소안론이 처음 세웠으며

1910년 70평 짜리 벽돌 건물을 짓게 되었다. 주목사는 대개 목요일까지 정성들여 설교 원고를 작성하여 기도하는 가운데 다시 손을 보아 양떼들에게 열심히 전하였다. 산에서 철야하여 기도하고 이슬에 옷자락을 적시면서 새벽에 집에 돌아오는 일이 한두 번이 아니었다.

주목사의 설교는 천근만근의 무게를 가지고 청중의 마음 문을 두드려 하늘나라의 영광을 분명히 보여주는 망원경이었다. 그것은 하나님으로부터 받은 큰 은혜에 보답하기 위해 드리는 감사의 제물이었다. 한편 부인 안 여사도 아이를 업고 교인들의 집을 심방하면서 여러 모로 목사님을 도왔다.

아내는 김해읍 갑부인 안기홍의 딸이었다. 그 어머니 이분옥이란 분은 불교에서 전향하여 예수를 믿더니 열심히 하나님을 증거하여 그녀가 세운 교회만 해도 다섯 교회가 되었다. 딸도 어머니 못지않게 열심이어서 친정에서 시집올 때 가져온 6천 평의 논을 교인들의 구제에 다 써버리고 말았다.

주목사는 목회뿐만 아니라 경남 성경학원에서 후진 양성에도 힘썼다. 이 성경학원에는 손양원 전도사도 학생으로 다니고 있었다. 주목사의 강의는 깊은 성경 지식과 타고난 달변으로 인기가 있었.

특히 로마서의 강의는 학생들에게 많은 감동을 주었다.

후일에 손양원 전도사는 당시에 주목사를 회고하여 열렬한 사명감으로 그 무렵의 교계의 등불이었다고 말했다. 주목사는 우리 한국 사람은 종교로 성공하여야 한다. 그것마저 없으면 아무것도 남지 않게 된다는 생각에서 불철주야 기도하고 목회에 심혈을 기울였다.
　1925년 조선 신궁의 신위가 서울에 도착한 후론 전국 8도 강산에 차츰 신사가 들어서면서 한국인의 정신까지도 좀먹기 시작했다. 부산은 한국에서 가장 일본화된 도시로 교회문을 한 발자국만 나서면 게다짝 소리가 요란했다. 주목사는 언젠가는 신사참배 문제가 시끄럽게 대두될 것을 내다보고 선수를 쳐서 신사참배 반대안을 경남노회에 제출하여 통과시켰다. 이기사가 부산 일보에 보도되자 주목사는 일제의 눈에 문제인물로 비치기 시작했다.
　영주동에서 조금만 부산역 쪽으로 가면 일본인이 경영하는 부산일보가 있고 앞을 지나 부산대교 쪽으로 가면서 보면 맞은편 용두산 위에 일본인의 수호신을 모셨다는 신사가 있었다. 조용히 기도하다가 명상에 잠겨 있었을 때 주목사의 머리에 떠오르는 일본 제국은 두꺼비 한 마리 정도로밖에 보이지 않았다. 천지를 창조하신 하나님의 자녀가 된 자기가 이 두꺼비에게 굴복할 수는 없는 일이다.
　손양원은 이때 감안동 나병원 교회에서 전도사로 있으면서 많은 교회를 개척하고 가끔 초량교회에 들려 주목사와 정담을 나누기도 했다. 주목사는 손양원 전도사에게 여러 이야기 끝에 우리 한국은 작은 나라이긴 하지만 종교적으로 위대한 인물이 나게 될 거라 하고 말했다고 한다. 어느 날 정복을 한 경관 김석진이라는 사람이 주목사를 찾아와서 물었다.

"목사님, 예수님이 정말 우리의 구세주입니까? 그걸 어떻게 알 수 있습니까?"

주목사는 예수가 성경에 미리 예언된 장본인이며 그의 행적과 은혜 체험을 자세히 설명하면서 예수가 다른 성인과 다른 구세주임을 인류를 구제하려는 하나님의 원대한 경륜과 결부시켜 자세히 설명했다.

"그럼 인간이 어떻게 하면 구원을 얻을 수 있습니까?"

하고 순사는 다시 물었다. 주목사는 인간은 믿음 안에서 하나님의 은총과 권능으로 구원받는 도리를 설명했다. 김석진 순사는 기독교에 입교하여 후일에 목사가 되었다.

주목사가 초량교회 시무한 지 6년째 되던 해에 말썽 많은 마산 문창교회로 옮기게 되었다. 함태영, 한석진과 같은 원로 목사가 시무하던 문창교회는 당시에 경남 노회측은 썩었다고 독립을 선언하고 따라 나간 파와 당회측을 지지하는 파가 갈라져 크게 말썽을 빚고 있었다. 5년 전에 발달된 이 교회 분쟁으로 전국 교회는 상처가 컸다. 교회는 수라장이 되어 장로와 집사가 뻔질나게 경찰에 불려 다녔다.

주목사는 이 분쟁을 수습하기 위해 하나님께 매달리기로 했다. 그는 성경 읽기와 기도로 밤을 새웠다. 그리하여 오랫동안 영적 기갈에 허덕이던 생명수 샘을 공급하는데 주력하였다. 이윽고 교인들 사이에 화해의 분위기가 조성되고 남의 웃음거리가 되었던 교회가 차츰 질서를 찾게 되었다.

주목사는 모든 어려운 문제를 풀어나가는 열쇠는 오직 하나님의 능력뿐이라는 것을 잘 알고 있었다. '주안에 있으면 능치 못할 일이 없습니다.' 이것은 주목사가 문창교회를 수습한 후에 한 말이었다.

주목사는 200평이 되는 교육관을 새로 짓기로 했다. 그의 열성에 감동된 교우들은 자진해서 헌금하고 협조하였다. 그런데 교육관 기공이 시작된 이듬해였다. 안갑수 여사가 얼굴에 종기가 나서 수술한 자리가 덧나기 시작하더니 점점 악화되어 임종을 맞이하게 되었다. 안 여사는 주위에 모인 많은 성도들 중에서 의산여학교의 여선생인 오정모의 손을 꼭 잡고 주목사를 부탁하고 조용히 눈을 감았다.

안 여사는 34세 젊은 나이에 아들 4형제를 남겨놓고 세상을 떠난 것이다. 주목사는 비통함을 억제하고 교회장으로 아내의 장례식을 마친 다음 교인들을 다 집으로 돌려보내고 나서 그제야 아내의 무덤 앞에서 방성통곡을 했다. 사랑하는 아내를 잃고 인생의 무상함을 더욱 절실히 느낀 주목사는 뜨거운 기도로 슬픔을 이기고 교육관 건축에 전력을 기울였다.

그러던 어느 날 주목사는 일본에 있는 한국인 교회 부흥 강사로 초청을 받아 일본으로 떠나게 되었다. 그는 관부 연락선을 타고 현해탄 건너편에서 일본에 있는 동포들의 심령의 복음에 씨를 뿌리고 우찌무라 간조와, 가가와 도요히꼬 같은 분이 일본인들에게 영적 생명을 위해 맹렬히 활동하고 있는 모습도 보아야 하겠다고 생각하였다.

주목사는 고베에 있는 한국인 교회에서 설교를 하고 곧 오오사까 한국인 교회에 가서 집회를 인도했다. 오오사까에는 한국인이 제일 많은 곳이었다. 주목사는 이들에게 하나님의 은혜로 마음에 천국을 이룩하는 것이 급선무임을 강조하여 저들에게 용기와 희망을 북돋아주고 한국이 일본 사람보다 더 발전한 것이 있다면 기독교라고 말했다.

아닌 게 아니라 일본에 가보니 곳곳마다 눈에 띄는 것이 신사와 절간이었다. 그는 일본이 사신 우상의 나라라는 것을 눈으로 확인하였다. 동경 집회에 갔을 때는 과학 문명과 사신 우상이 결합된 바벨론을 연상케 하였다.

주목사와 오정모 선생과의 혼담은 순조롭게 진행되어 1935년 여름에 조촐한 결혼식을 올렸다. 오정모 여사는 주목사를 잘 받들고 전 부인이 남겨놓고 간 4형제를 친자식처럼 키웠다.

말썽 많은 마산 문창교회를 놀라운 영력으로 수습한 주목사는 길선주 목사가 세상을 떠난 이후에 큰 목사로 이름이 나기 시작했다.

그러자 보수주의 신학을 견지해온 평양의 산정현교회에서는 자유주의적인 송창근 박사의 목회를 언짢게 여겨 당회를 열어 보수주의 신앙의 거두격인 주목사를 모셔 와야 한다는데 의견일치를 보았다.

그리하여 평양 산정현교회를 대표하여 조만식 장로와 김동원 장로가 주목사를 초청하기 위하여 마산으로 왔다.

당시에 문창교회는 주목사가 부임하던 무렵에 불과 수십 명밖에 되지 않던 신도가 원상회복이 되고도 남았으며 이들은 저마다 가슴에 신앙의 희열이 넘쳤다. 이들은 평양의 산정현교회에서 주목사를 초빙하러 왔다는 소식을 듣고 펄쩍 뛰었다. 그리하여 평양과 마산 두 교회는 주목사를 사이에 두고 유치 작전이 치열하였다. 주목사는 이 사실을 알고 난처한 입장이었다.

그때 아내인 오정모 집사가 주목사에게 아무래도 평양으로 가셔야겠어요 하고 간밤에 어떤 사람이 문 앞에 평양교회에서 보내는 광고를 붙이는 꿈을 꾸었다고 이야기했다.

주목사는 아내의 꿈 이야기를 듣고 일본과의 마지막 영적 싸움터는 평양이 되나 보다 생각하였다.

그런데 문창교회 제직 한 사람은 과일나무가 있었는데 북쪽으로는 열매가 많이 달리고 남쪽으로는 열매가 적게 달린 꿈을 꾸었다는 것이다. 이런 꿈도 있고 해서 주목사는 평양 산정현교회로 가는 것이 하나님의 뜻이라고 생각하게 되었다. 이렇게 되고 보니 문창교회 성도들은 주목사를 잃은 슬픔에 애절했지만 어쩔 수가 없었다.

3. 닥치는 시련

1936년 주목사는 교인들의 열렬한 환영을 받으면서 산정현 교회에 부임하였다. 환영에 대해서 이성휘 박사는 '우리는 산정현교회 주기철 목사를 환영하는 것이 아니라 한국에서 제일 가는 주기철 목사를 환영하는 것입니다' 하고 환영사를 마치자 주목사는 단상에 올라가서 다음 두 가지 조항을 들어 보수주의 전통 신학의 기치를 선명하게 밝혔다.

첫째는 한국에 독립운동을 하기 위한 방편으로 예수를 믿는 것과 둘째는 인격을 높이며 도덕 생활을 하기 위해 예수를 믿는 사람은 기독교의 근본 진리에서 선후가 뒤바뀌어 있다는 사실을 지적했다. 즉 하나님을 의지하면 그 은혜와 능력에 인격이 높아지고 독립운동에도 도움을 얻을 수 있으나 수도나 독립이 하나님을 믿는 목적이 될 수는 없는 것이다. 그러니까 하나님을 믿는 영혼의 구원이 일차적인 목적이요, 다른 것은 부수적인 것이다.

1893년 마펫 목사가 평양에서 복음의 씨를 뿌린 후로 눈부신 발전을 거듭하여 1920년대에는 평양을 한국의 예루살렘이라고 부르리만큼 교회가 성장했다.

산정현교회 앞뒤와 그 주변에는 모든 교회가 모여 있었다. 1935년부터 평남지사 야스다께는 벌써 만수대 앞에 신사를 지어놓고 참배하기를 강요하고 있었다. 그때 마침 로마 교황의 사절이 평양에 왔는데 야스다께와 회담한 결과 가톨릭에서는 신사참배를 하기로 양해가 되자 야스다께는 그 여세를 몰아 신교 측에 대해서도 신사참배를 강요하고 나섰다.

이 소식을 들은 주목사는 목숨을 내걸고 투쟁하기를 각오하고 동료 목사에게까지 끝까지 투쟁하도록 권했다. 그리고 이런 때일수록 성전을 신축하여 기세를 올리겠다는 생각에서 당회에서 교회 신축을 주장했다.

시국이 이러니 교회 신축은 천천히 하는 것이 좋겠습니다 하고 제직한 사람이 말했다.

"시국이 이러니 하나님의 성전을 크게 지어야 합니다."

그리하여 교회 신축을 주목사의 주장대로 하기로 결의하였다.

1937년 어느 주일날에 산정현교회는 입추의 여지가 없이 성도들이 모였다. 성전 신축에 대한 주목사의 설교는 성도들의 가슴을 치고 심금을 울렸다. 성전 건축의 중요성을 강조하였다. 설교를 마치고 헌금한 결과 헌금은 물론 금반지, 금목걸이, 귀금속, 재봉틀 등등이 넘쳤다. 성도들의 뜨거운 헌금이 그렇게 모였다.

현장에서 4만 원이라는 막대한 헌금이 나왔다. 이것은 하나님의 감동의 기적이었다. 이 돈으로 800평의 대지를 구입하고 7만 원에 공사가 추진되었다. 당시 서울에서는 기독교 혁신교단이라는 찬동파가 생기고 평양에서는 기독교 친목회라는 어용단체가 생겨 이것이 왜경의 끄나풀 역할을 하고 있었다. 주목사가 산정현교회에서 하는 설교 내용과 교인들의 동태를 보고하였다. 물론 주목사 자신도 이 사실을 잘 알고 있었다.

1937년 지나사변이 일어나고 일제는 황국 신민의 서사라는 것을 지어서 행사 때마다 외우게 했다. 평양 기독교 친목회에서는 김일선 목사가 앞장서서 왜경에 헌신하여 신사참배 반대운동에 중심인 산정현교회 주목사와 대적하게 되었다. 물론 혁신교단이나 기독교 친목회는 구약성경은 유태인의 사상이며 기독교의 경전일 수 없다는 것이고 일본 가미다나를 교회에서 모시자는 것이었다.

김일선 목사는 얼마 전까지 형사로 복무하던 친일파로 어떻게 간신히 교역자가 되었다. 이 사실을 알게 된 장이라는 신학생이 홧김에 평양신학교 뜰에 있는 김일성의 기념식수를 찍어 버렸다.

1938년 2월 산정현교회 헌당 예배를 드리는 날 주목사는 단상에 올라가 예수를 버리고 사는 것은 죽는 길이요 예수를 따라 죽는 것은 사는 것이라고 열띤 설교를 했다. 그러자 주목사를 주시해 오던 왜경은 주목사와 김일성의 기념식수를 찍어버린 신학생을 검속했다.

이유는 그들이 현존 질서를 교란하여 일본제국의 변혁을 초래케 한다는 것이다. 헌당 예배는 울음바다가 되었다. 왜경은 주목사를 위협하고 온갖 고문을 했으나 그의 신앙은 요지부동이었다. 그리하여 그들도 별도리가 없어 5개월 만에 석방하였다. 그러나 며칠이 못되어 왜경은 이해 9월에 모일 총회에서 신사참배 안을 통과시키기 위해 장애물이 되는 주목사를 비롯하여 이기선, 채정민 목사 등을 예비 검속했다.

총회장에는 총대 188명이 참석한 가운데 사복형사가 빈틈없이 배치되고 총회장으로 홍택기 목사가 당선되었다. 이윽고 신사 참배 문제가 토의되자 평남 중화의 박응률 목사가 자리에서 일어나 "신사참배는 종교의식이 아니라 국가의식으로 결정하는 것이 좋겠습니다"라고 하자 사회를 맡아 보던 홍택기는

"이의가 없습니까?"

하고 물었다. 누가 모기만 한 소리로

"좋습니다."

하고 말했다. 홍택기 목사는 지체 없이

"그러면 신사참배는 가결되었습니다."

하고 선포해 버렸다. 경찰에서는 신사참배를 가결시킨 다음 생각할 여유를 준다면서 주목사를 다시 일단 석방했다. 이 무렵에 박관준 장로는 예수의 부활 증인이라는 명함을 찍어 가지고 간신히 우가끼 총독을 면회하여 신사참배가 부당함을 주장하고 각 경찰서를 순회하면서 기독교도들의 신사참배는 말도 안 된다고 경고하고 다녔다.

그리고 일본 장로교회 총회장 도미다가 시국강연을 하러 한국에 와서 부산, 서울, 대구 집회를 인도하고 평양 산정현교회에서 설교를 했다. 그 설교 요지는 신사 참배하는 것은 기독교 교리의 위배되지 않는 국가의 의식이라고 말했다. 주목사는 도미다나라의 설교가 끝나자 자리에서 일어나 격한 어조로 질문했다.

"도미다 목사의 해박한 신학 지식에는 경의를 표하지만 성경에는 분명히 나 외에는 다른 신을 두지 말라고 하였습니다. 그런데 신사 참배는 천조 대신을 숭배하는 것이니 어찌하여 하나님의 계명을 어기는 것이 아닙니까?"

"내가 한 설교로 이에 답변을 대신합니다."

하고 그는 슬그머니 자리를 떠났다. 이 일이 있기 전날 오정모 집사가 교회에서 철야 기도를 하다가 놀라운 환상을 보았다. 일본에서 집채만 한 큰 뱀이 현해탄을 건너와 부산, 대구를 거쳐 평양으로 들어오자 주목사가 장검을 들고 그 뱀을 세 동강이를 내는 것이었다. 과연 그 환상대로 주목사는 성령의 검, 곧 하나님의 말씀으로 한국 교회를 삼키러 온 사단을 무찔러 버렸던 것이다.

주목사는 '나 같은 것도 주님의 당한 고난에 참여할 수 있으니 이 이상의 기쁨이 어디 있겠습니까?' 하고 생각하면 절로 용기가 솟아난다고 했다. 그는 기도할 적마다 절실히 느끼게 되는 것은 '만물 중에서 인간의 마음이 가장 부패해졌다'는 사실이라고 말했다.

소위 목사라는 자들이 대부분 신사참배에 가담할 뿐 아니라 거기 반대하는 동지들을 적대시하니 그는 비분을 금할 수가 없었다. 그럴수록 그는 하나님께 매달려 기도할 뿐이었다. 가끔 기도가 강물처럼 흘러넘칠 때가 있었다. 너무나 감격에 휩싸이어 30분 혹은 한 시간 기도와 명상에 밤을 새운다. 이때 평양 경찰서에서는 주목사에게 타협조건을 제시했다. 주목사가 은퇴하면 신사참배를 강요하지 않기로 하였다. 그러나 주목사는 "나는 하나님의 뜻에 따라 목사 직무를 수행하고 있으므로 내 마음대로 그만둘 수가 없다"는 말로 경찰의 타협을 일축해 버렸다.

1939년 7월 주목사는 세 번째로 경찰에 검거되어 7개월 동안 시달린 끝에 풀려났다. 남편이 언제나 승리하기를 기도해온 오정모 집사는 경찰에서 돌아올 때마다 이번도 승리하였는가 물었다. 주목사는 웃음으로 대답을 대신 하자 "어서 또 들어가 계세요." 하고 오집사는 말하는 것이었다. 주목사는 경찰서 세계가 암담하다는 것을 즉각적으로 느꼈다. 주목사는 먼저 교회에 들어가 무릎을 꿇고 기도를 드렸다.
　주목사의 석방 소식을 듣고 찾아온 교우들은 주목사의 얼굴만 보아도 은혜가 되고 기쁨이 넘쳤다. 주목사는
　"이번에는 죽기 전에 못 나올 줄 알았는데 또 살아서 성도 여러분들을 만나게 되었으니 여러분의 기도에 감사를 드립니다."고 했다.
　주목사는 사랑하는 교우들 앞에서 이렇게 일사 각오가 되어 있음을 밝히고 다음과 같은 간구로 설교를 마감하였다.
　"죄악 세상에서 부대끼던 나를 깨끗케 하사 하나님과 저로 하여금 영광된 한국에 서게 하옵소서."
　이 설교로 일본 경찰은 주목사의 신사참배 반대 의사가 꺾이지 않았다는 사실을 알게 되어 3개월 안으로 목사직을 사직하라고 통고했으나 이에 불응하자 다시 제4차로 1940년 9월 경찰서에 검거되었다.

4. 승리의 십자가

　평양경찰서 고등계 주임 시미즈는 주목사 앞에 목사 사직서를 내밀고 도장을 찍으라고 윽박질렀다.
　"나는 목사의 성직은 하나님으로부터 받았으니 도장을 찍을 수 없소."
　"그럼 신사에 참배하오."

"못하겠소."
"신사에 참배하는 짓은 국민된 도리요."
"그것은 하나님을 거역하는 것이오."
"그럼 당신은 대일본제국의 국민이 아닌가?"
"일본 국민으로는 되어 있지만 하나님의 계명을 어길 수는 없소."

때리고, 발길질하고 물고문을 하여도 소용이 없었다. 주목사는 십자가를 걸머지고 골고다로 올라가는 주님의 모습을 생각하였다. 그는 심한 고문으로 정신을 잃고 실신도 하였으나 요지부동이었다. 그래서 경찰에서는 평양 노회장 최지화 목사를 불러 주목사를 파면하라는 엄명을 내렸다. 최목사는 내가 한번 권면해 보겠소 하고 경찰에 나타나 주목사에게 말했다.

"주목사가 사임하면 자기 일신도 시달리지 않고 우리 노회도 평안할 터인데 그걸 그렇게 고집을 부려요? 남의 생각도 좀 하시오."

"당신도 목사요?"

최목사는 날카롭게 쏘아보는 그의 시선에 더 이상 말을 못하고 물러갔다. 평양노회는 경찰의 지시대로 주목사를 파면하고 얼마 후 경찰은 산정현교회를 폐쇄하고 주목사의 가족들은 교회 목사관에서 추방되었다.

총독 한 사람이 자기의 치적을 올리려는 공명심 때문에

한국 기독교의 수난사는 다시금 피로 얼룩지게 되었다.
　주남선, 한상동, 조무옥 같은 목사님들이 경남에서 검거되어 부산 도청 경찰부에서 문초를 받고 있었다. 주목사는 같은 감방에 있는 다른 죄수의 옷에 이도 잡아주고 음식도 나눠 먹으면서 하나님을 의지하고 고생을 이겨나가라고 용기를 주었다. 이 감방에서는 공산당 사건으로 목포에서 체포해 들어온 김복동이라는 사람도 과연 훌륭한 분이라고 입버릇처럼 말했다. 이때 한상동 목사는 주목사와 한동안 한 감방에 있다가 평양 형무소로 이감되었다.
　이때 평양 형무소에서는 예수천당으로 유명한 최권능 목사와 예수부활 증인이라는 명함을 가진 박광준 장로도 복역하고 있었다. 감옥 중에서 새벽마다 예수천당을 외치는 최권능 목사의 음성이 죄수들의 마음을 두드렸다.
　1941년에는 일본이 미국을 상대로 전쟁을 개시하였다. 주목사는 어느 나라를 막론하고 전쟁을 지탱해 나갈 수 있는 힘을 4,5년이면 바닥이 난다는 것을 잘 알고 있었다. 그의 감방에는 공산당 간부인 주영하가 들어왔다. 주목사의 조카뻘이 되는 사람이었다. 영하는 주목사에게 대부라는 호칭을 쓰면서 가끔 공산당과 기독교에 대한 논쟁을 벌이곤 했다.
　주목사는 유물론의 한계를 지적하고 인류의 구속을 위해 하나님이 살아서 역사하는 사례를 일일이 들어가면서 이야기해 주었다. 이럴 때 김복동은 주목사의 주장에 동조를 했다. 오랜 논쟁 끝에 주영하는 한때나마 눈물을 흘리면서 예수를 믿겠다고 다짐하기도 했다.

그러나 주영하는 기독교에 대해 이해가 가지 않는 것이 있었다. 그것은 죽어서 천당 간다는 사실이 믿어지지 않는다는 것이다. 주목사는 말했다.

"이것은 이성으로 판단하려는 데서 오는 불신이다. 이것은 형이상학에 속한 신학적인 문제며 사람의 눈으로, 이성으로는 귀신의 세계나 영적인 세계를 볼 수가 없는 것이오. 제한된 우리 인간의 생각과 안목으로는 현존하는 우주만물을 다 볼 수가 없소. 제한되어 있기 때문이오."

주영하는 주목사 말에 알쏭달쏭하여졌다. 그리고 어찌하면 주님 앞에 그리 초연한 자세요? 하고 주영하는 주목사의 태도가 부럽다고 했다.

"종씨도 예수를 믿고 변화된 생활을 하면 알게 될 거요."

주목사는 이같이 권면하였다. 주영하는 공산주의 이상에 심취되어 있었다. 주목사는 주먹밥 하나로 절반은 떼어 다른 사람에게 나누어주고 절반으로 식사를 때웠다. 옆에서 이것을 본 사람들은 주목사의 사랑에 놀랄 뿐이었다. 주목사의 이런 사랑에 불량배까지도 순진해지는 것이었다. 그는 언제나 순교를 진심으로 기다리는 평안한 자세였다. 그의 얼굴에는 수심은커녕 언제나 광채가 났다.

이 무렵에 주목사의 장남 주영진도 신사 참배를 반대하다가 동경 루터신학교에서 졸업을 앞두고 퇴학을 당하고 집에 들어와 품팔이 노릇을 하다가 한 성도의 소개로 황해도 어느 어장에서 서기로 숨어 지낸다는 이야기였다.
　1943년 주목사는 옥중에서 중병으로 육신의 기력을 많이 소모하고 있었다. 그는 눈을 감고 5대 종목의 기도를 드렸다.
　① 죽음의 권세를 이기게 하여 주옵소서
　② 오랜 고난을 견디게 하여 주옵소서
　③ 노모와 처자를 주님께 부탁하나이다
　④ 의에 살고 의에 죽게 하옵소서
　⑤ 내 영혼을 주님께 부탁하나이다
　이해 4월 13일 주목사는 병감으로 옮겨갔다. 주목사는 병석에 누워서도 아내만큼 신앙이 장성하지 못한 어머니를 언제나 걱정하고 있었다. 어머님은 78세가 되었다.
　어느 날 어머님 조재선 할머니가 산정현교회에서 새벽기도를 드리다가 강대상을 쳐다보니 환상에 주목사가 흰 도포를 입고 양손에 푸른 대나무를 짚고 서 있었다. 할머니는 그 후부터 울지 않았다고 한다. 그는 아들이 하늘나라로 갈 것을 다시는 의심하지 아니하였다.
　주목사가 병감으로 옮긴 후 한 주일이 지나 오정모 집사가 면회하러 갔더니 주목사는 4명의 간수에게 부축을 받아

간신히 면회실까지 걸어 나와 숨이 차 헐떡이며 말하였다.

"여보, 아무래도 나는 며칠 못 살 것 같소. 어머님을 부탁하오."

"아무 염려 마세요. 하나님이 살아 계시지 않습니까."

오정모 집사는 눈물을 훔치며 이같이 위로했다. 그 날 주목사는,

"아버지여 나를 붙드시옵소서."

하고 외마디 기도를 드리고 조용히 눈을 감았다. 옆에서 지켜본 간수들의 말에 의하면 주목사의 얼굴에는 미소가 감돌고 있더라고 했다.

그 날 식구들은 금식 기도를 했다. 밤에 오집사가 꿈에 낙화생을 뿌리째 뽑아 보니 낙화생이 주렁주렁 달려 있었다. 그래서 오집사는 남편이 순교한 줄 알고 이튿날 형무소에 가서 간수에게,

"주목사의 사체를 찾으러 왔어요."

하고 말했다. 그는 깜짝 놀라면서,

"어떻게 아셨어요?" 하고 물었다.

"네, 다 알고 있어요."

오집사는 남편의 시체를 모셔내다가 손수레에 싣고 상수리에 있는 초라한 두 칸 방에 안치했다. 장례식에는 경찰의 감시에도 불구하고 원근 각처에서 어느새 주목사의 소식을 전해 듣고 700여 명의 조객들이 모였다. 영구는 25리나 떨

어진 돌박산을 향해서 움직이기 시작하였다.

　도청 앞을 지나갈 때 관리 몇 사람이 나타나 죄인의 장례식이 왜 이리 성대한가? 하고 제지시키려고 하였으나 저들의 엄숙한 장례행렬을 감히 막을 수가 없었다. 그리하여 주기철 목사는 49세를 일기로 돌박산 잔달래밭에 고이 잠들었다.

　그 후 1947년 오정모 집사도 세상을 떠났고 장남 주영진 전도사는 아버지의 뒤를 이어 목회를 하다가 6.25가 나던 해 31세 젊은 나이로 순교했다.

제2부

1. 손양원 목사 삼부자 순교······/ 95
2. 김대건 신부의 순교······/ 116
3. 한국 초대감리교 선교사 아펜젤러 목사······/ 136
4. 장로교 초대 선교사 언더우드 목사······/ 156

1
손양원 목사 삼부자 순교

그는 1902-1950년 사이에 살다 간 역사적인 인물.

일제와 공산주의의 암흑이 이 나라를 덮었을 때 쓰러지지 않은 영원한 별빛이 있었으니 그가 손양원 목사이다.

피를 말리는 고문 속에서도 의연할 수 있었고 두 아들이 먼저 순교하였을 때도 오히려 하나님께 감사하였으며 아들을 죽인 원수를 용서하고 아들로 삼는 그의 사랑에서 우리는 성자의 모습을 보게 된다.

또한 나병균이 우글거리는 환자들과 같이 생활하며 복음을 증거하였으니 그의 놀라운 사랑은 가슴을 뭉클하게 하였다. 6.25로 나라 안이 쑥밭처럼 되었을 때에도 끝까지 양떼들을 지키고자 애쓰다가 공산당의 총탄에 맞아 순교하였다.

참사랑의 목자 그의 영혼은 지금까지 그리고 훗날에도 영원히 빛나리라.

1. 애양원의 2세들

푸른 바다 흰 모래밭 아름답게 둘러 있는
미묘한 동산이 있어 하나님이 복주셨네
좌수영 승지에 솟는 해가 장엄쿠나
씩씩한 우리 기상 용감하구나 성산학교

이렇게 노래 부르면서 내를 건너 닭머리를 지나 철둑길을 넘어 가는 장사진의 아이들 일행은 전남 여수의 나병수용소인 애양원 부속 성산초등학교 아동들로 소풍을 가는 길이었다.
 저마다 점심 보따리를 싸들고 즐겁게 노래하면서 걸어가는 아이들의 행렬에 제일 뒤를 따라가는 사람이 학교장인 손양원 목사였다.
 드디어 소풍 일행은 목적지인 개미실산에 도착하였다. 아침 9시 학교를 떠난 아이들은 10리 길을 두 시간이나 걸려서 왔다. 산 밑까지는 열을 지어서 왔으나 밤을 따먹느라고 지체되고 산꼭대기까지 오르는데 미끄러져 넘어지는 바람에 늦어졌다.
 "자, 손 이리 줘."
 손목사는 팔을 벌려 아이들의 손을 잡으려 했다. 그러나 아이들은 멈칫하면서 뒤로 물러서고 손목사의 손을 잡지 못했다. 그들은 자기가 문둥이라는 자의식이 몸에 배어 있기 때문이다. 그럴수록 목사님은 아이들의 손을 힘껏 잡고 위로 끌어올렸다. 아이들은 이런 따뜻한 사랑에서 아버지의 사랑보다 더 큰사랑을 느꼈다.

산꼭대기에 올라오니 남쪽으로 활짝 트인 바다 건너 멀리 남해도가 바라보이고 돛단배가 두어 척 섬 사이로 고요히 떠나간다. 갈매기가 몇 마리 그 배 위를 날아다니고 서늘한 가을 바람이 황금물결을 물고 와서 뱃전을 씻는다. 이윽고 점심시간이 되었다.

"자, 이제 점심들을 먹어요. 식사하기 전에 교장선생님이 잠깐 기도하시겠어요."

선생님이 말하시니 참새같이 떠들던 아이들이 일제히 입을 다물고 고개를 숙였다. 교장 선생님의 기도 소리가 조용히 흘러나왔다.

"살아 계신 아버지 하나님, 저희들을 아버지의 따뜻한 품에 인도하시고 하나님의 은혜 안에 우리 모두를 인도하시고 지켜주신 하나님께 감사드립니다. 오늘 하루 대자연속의 소풍이 추억에 남을 귀한 날이 되게 하옵소서. 이제 점심을 먹겠습니다. 감사히 먹고 건강하게 하옵소서. 주님의 이름으로 기도합니다."

기도가 끝나자 아이들은 개미떼처럼 사방으로 뿔뿔이 흩어졌다.

"아! 그런데 나 점심 안 가져왔어. 누가 밥 좀 주지 않을래?"

하고 교장 선생님이 주위를 돌아보았다. 그러나 아무도 교장선생님께 점심을 갖다 드릴 엄두를 못냈다.

물론 혼자 먹기 위해서가 아니다. 저들은 자기가 문둥병자라는 것을 잘 알기 때문이다. 교장 선생님은 머뭇거리는 아이들의 도시락을 빼앗아 먹다시피 맛있게 나눠먹고 자기가 가져온 물병의 물을 나눠주었다.

아니 우리 교장선생님 저러시다가 병이라도 걸리면 어찌하나 속으로 몹시 걱정하는 모두의 눈치였다.

점심을 마치고 오락시간이 되었다. 이복순이가 노래를 불렀다.

삼천리 반도 금수강산 하나님 주신 동산
이 동산에 할 일 많아 사방의 일꾼을 부르네
곧 금일에 일 가려고 누가 대답을 할까
일하러 가세 일하러가 삼천리강산 위해
하나님 명령받았으니 반도 강산에 일하러 가세

노래가 끝나자 모두들 일제히 박수를 쳤다. 이복순이는 국민학교 4학년 때 문둥병자로 판정되어 작년 봄에 애양원으로 들어온 아이다. 공부도 잘하고 노래도 잘 부른다. 믿지 않는 가정에서 자랐기 때문에 예수가 뭔지 알지도 못했으나 이제는 성경도 많이 외우고 기도도 드릴 줄 안다.

"참, 그런데 목사님, 앞으로는 삼천리 반도 금수강산의 노래는 못 부르게 되었다지요?"

하고 조 선생이 말했다.

"어디 금수강산뿐이오. 내 주는 강한성이요, 믿는 사람들아 군병 같으니도 부르지 말라는 거요."

손목사가 탄식 섞인 어조로 대답했다.

"내 원 별놈의 세상 다 보겠군요."

이것은 일지사변 이후 일제가 강요하는 허울 좋은 황민화 정책의 일환으로 하나님 대신 천조대신을 섬기도록 하기 위한 수법의 하나이었다. 그런데 교회에서까지 저들과 장단을 맞추어 신사참배를 하기로 다음과 같이 가결하였다.

성명서

우리들은 신사는 종교가 아니요, 기독교 교리를 위반하지 않는 본의를 이해하고 신사참배가 애국적 국가의식임을 자각하여, 또 이에 신사참배를 솔선 이해하고 따라서 국민정신 총동원에 참가하여 비상시국 하에서 황국신민으로서 정성을 다하기로 함.

소화 13년(1938) 9월 10일
조선예수교장로회 총회장 황택기 저들은 한 걸음 나아가서 성경도 고쳐라, 찬송도 빼어라 하고 적극적으로 박해의 손길을 뻗쳐왔다. 이 판국에 더욱 놀라운 것은 그 지시에 고분고분 따르는 교계 지도층들이었다. 그들은 하나님보다 일본 제국주의가 더 두려웠다.

그러나 애양원에는 아직 저들의 마수가 뻗치지 못하고 있었다. 애양원은 나환자 수용소이기 때문이다. 1909년 9명으로 시작된 것이 1,000명에 가까운 환자 수용소가 되었다.

전원이 신앙생활을 열심히 하고 있었다. 이들 가운데서 더러는 병이 치료되어 다시 사회생활을 하는 사람도 있었으나 대부분의 사람들은 일생을 이곳에서 보내었다. 이들이 사회에서 버림을 받은 문둥이라는 하나의 공통된 처지로 믿음 안에서 모두가 동기요 한 식구들이었다. 이들은 주일이나 삼일 예배는 물론이고 새벽 기도회도 빠짐없이 참석하고 기도생활을 게을리 하지 않았으며, 철야하는 사람도 많았다.

그들은 성경 읽기와 기도와 찬송에서 얻은 영의 양식을 무엇보다 더 귀하게 여겼다. 그들은 자기 자신뿐만 아니라 하나님을 모르고 사는 이웃이나 신사참배 문제로 곤욕을 치르는 한국 교회를 위해서도 열심히 기도하였다.

"목사님, 이번 부흥회 무사히 치르셨어요?"

김선생이 손목사에게 물었다.

"그럼요, 특히 감사한 것은 강대상 위에 붙여 놓은 일장기를 내가 떼어버려 경찰에 여러 번 불려갔으나 저들이 끝내 내 주장을 꺾지 못한 것입니다."

"뭐라고 말씀하셨는데요?"

"국기란 집 안에 달아서 국민이 나라에 경의를 표하는 것이지 교회 안에 붙여놓고 절하는 것이 아니다. 이건 마치 자기 이름을 써놓은 문패에 절하는 거나 마찬가지니 그러하다가는 일본이 불원 망하게 될 거라고 말했지요."

2. 어린 만두 장수

손양원 목사는 1902년 경남 함안군 철원면 구성리에서 아버지 손종일과 어머니 김은수 사이에 장남으로 태어났다. 그는 어렸을 때부터 주일학교에 열심히 다녔으며 서당에서 한문을 공부하다가 1913년 초등학교에 입학하였다.

그의 부모는 가난하게 살면서도 믿음 안에서 즐거운 신앙생활을 하였다. 새벽기도, 가정 예배 주일 엄수와 11조의 생활을 하였다. 그가 초등학교 3학년 때 일이었다. 학교 조회 때 일본 천황이 사는 궁성 쪽을 향하여 동방요배로 절을 하였다.

손양원은 꼿꼿이 서서 절을 하지 않아 교장에게 불려갔다. 너는 일본 신민이 되어 어찌하여 천왕이 계신 동방요배를 하지 않느냐 하고 물었다.

"네, 천황 폐하가 눈앞에 계시다면 절을 하겠지만 동방요

배란 허공을 향하여 절하는 것이고 하나님의 가르침에 어긋나기 때문입니다."

교장은 기독교를 몹시 싫어하는 사람이었다. 그는 다시 물었다.

"예수 믿는 사람이 나라의 의식을 어기는 것은 죄가 되지 않느냐?"

"하나님의 가르치심을 어기면서까지 나라의 의식을 따를 수는 없는 것입니다."

"천황 폐하를 공경하지 않는 것은 불경죄가 된다. 내일부터는 반드시 동방요배를 해야 한다."

"저는 못하겠습니다."

이리하여 그는 교장에게 된통 얻어맞고 퇴학처분을 당할 뻔했으나 마침 교장이 다른 학교로 전근하는 바람에 퇴학을 면했다. 손양원은 보통학교를 마치고 서울로 올라와 중학교에 입학했으나 아버지가 3.1 운동에 가담하여 투옥되는 바람에 학비가 없어 밤마다 늦게까지 만두장사를 하여 학교에 다녔다. 그러나 주일은 장사를 하지 않아 판매실적이 좋지 않아 만두집 주인은 안 좋게 여겼다.

"학생은 다 좋은데 예수 믿는 것 한 가지만은 나쁘단 말이야."

하고 주인은 손양원에게 입버릇같이 말하였다. 결국 얼마 못 가서 그는 거기서 쫓겨나고 말았다. 그는 친구집을 돌아가면서 전전하던 끝에 나중에는 올 데 갈 데가 없게 되었다. 그는 사흘씩 굶게 되자 딱한 사정을 하나님께 기도하기 위해 남산 솔밭 속으로 찾아갔다. 한참 기도하는 그의 머리에는 11조 남겨둔 70전이 자꾸만 생각이 났다.

그러나 아무리 굶어도 하나님께 드릴 11조는 손을 댈 수가 없었다. 그는 자기가 나가던 안국동 교회에 그 70전을 연보하고 고향으로 내려갔다.

그러나 향학열 불타는 그로서는 시골에 오래 머물 수가 없었다. 얼마 후에 그는 동경으로 가서 스가모 중학 야간부에 입학하여 성결교회 노방전도에 힘썼다.

신문배달을 하면서 학교를 마치고 한국에 복음을 전하는 것이 시급하다는 사명감에서 대학 진학을 포기하고 고향으로 돌아왔다. 그는 경남 성경학교에 입학하여 주기철 목사님의 가르치심을 받게 되었으며 1924년 정씨와 결혼하고 이듬해 성경학교를 졸업, 부산 감만동 나병원 교회에서 전도사로 있는 동안에 부지런히 전도에 힘써 울산 방어진 교회와, 남창교회, 밀양 수산교회, 양산 원동교회를 개척했다.

1935년 그는 신학공부를 하기 위해 평양신학교에 입학하여 다니는 동안에 능라도교회 전도사로 시무하고 1938년 졸업과 동시에 애양원 나병원 교회를 담당하여 나환자들과 함께 하면서 그들에 믿음을 심어주어 어려운 역경을 이기고 내세 천국의 소망을 가지도록 용기와 희망을 북돋아주었다.

3. 동문서답

　손목사 당신 시국을 인식하고 있소? 하고 형사가 물었다.
　새삼스럽게 무슨 소리요? 신사참배의 중요성을 인식하고 있느냐 말이오? 나더러 신사참배를 하라는 말씀인데 그것은 진정한 그리스도인으로는 못합니다. 손목사는 단호히 거부하였다.
　"교회에서도 참배하기를 결정하고 신학교 교수나 목사들까지 모두 시국에 협조하고 있는데 중뿔나게 당신만은 웬일이오. 당신이 믿는 하나님은 딴 하나님이오?"
　"기독교 신앙은 학식이나 친분과는 달라요. 박사나 교수나 목사라고 해서 반드시 무식한 분이나 아이들보다 믿음이 앞선다고 볼 수가 없어요. 기독교는……"
　"여보 듣기 싫소. 어쨌든 당신이 신사 참배를 인정하기 전에는 세상 구경 못할 테니 그리 알아요."
　손목사는 1940년 9월 여수 경찰서 형사에게 연행되어 구속되었다. 그 후 10개월이 지나 500여 페이지의 조사서가 꾸며지고 손목사에게 강제로 도장을 찍게 했다. 손목사는 그 동안에 당한 심한 고문과 고통은 말할 수가 없다. 그러나 애양원 양떼들에 대한 심려로 몸이 극도로 쇠약하여 생명이 위독한 지경에 이르렀다. 광주 검사국에서는 손양원에 대한 담당 형사의 보고를 받고 요다 검사를 여수 경찰서에 파견하였다.

　손목사와 대면해서 그 사상을 검토하여 웬만하면 보석할 기회를 줄 심산이었다. 손목사는 들것에 실려 검사에게 나와 겨우 상체를 일으키고 앉아서 신문을 받았다.

　"손목사, 우리 대일본제국 천황폐하를 인정하지요?"

　하고 검사가 물었다.

　"나는 그렇게 생각하지 않습니다."

　손목사는 한 마디로 부정했다.

　"그 이유는 현인신이란 하나님의 아들이신 예수 그리스도밖에 없기 때문입니다."

　하고 단호한 어조로 말했다.

　"어째서 그런가?"

　손목사는 검사에게 그리스도를 증거하여 복음을 전할 좋은 기회로 생각하고 예언 성취, 동정녀 탄생, 기사, 이적, 속죄구령, 부활 승천 등의 대하여 이야기했더니 검사는 "그런 고리타분한 이야기 말아."하고 그냥 돌아가 버렸다.

　그 후 손목사는 광주 지방법원에서 1년 반의 구형을 받았다. 그러나 구류 기간이 1년이 지났으므로 판사는 그가 마음을 고쳐먹으면 집행유예 정도로 출감시키려는 생각에서 조용히 그를 불러 심경의 변화를 알아보기 위해 당신이 집을 떠난 지도 1년이 넘었으니 가족들도 몹시 보고 싶을 터인데, 어떤가? 이제라도 늦지 않았으니 남들처럼 신사참배에 응할 용의가 없는가? 하고 물었다.

"그건 안 되겠습니다."

그는 거침없이 대답했다.

"남들이 다 하고 있는데 그렇게까지 고생을 하며 반대하는 이유가 뭔가?"

"하나님의 명령에 어긋나기 때문입니다. 그리고 국민된 도리로도 반대하지 않을 수가 없습니다."

"국민된 도리로서 응해야지 반대하다니 그게 무슨 소린가?"

판사는 발을 구르며 말했다.

"성경과 세계 역사를 보면 우상을 숭배하는 나라 치고 망하지 않은 나라가 없습니다. 그러니 국민된 도리로서 어찌……."

"닥쳐! 핑계가 좋다."

이리하여 판사는 구형대로 1년 6개월로 확정 판결하였다. 손목사는 자기가 당하는 괴로움을 주의 고난의 동참하는 것으로 자위하고 감수하였다.

"내 몸에 있는 석 되의 피를 주 위해 다 쏟고 200여 개의 뼈를 주 위해 다 부서뜨리면 내 할 일 다 하는 것으로 아옵니다. 모든 염려 모든 고통, 내 알 바 아니니 다만 주께서 이끄는 대로 복종하겠습니다."

하고 기도하고 새 힘을 얻어 형무소 감방으로 향하였다.

그는 모든 어려운 문제를 기도로 해결해 나갔다. 땀과 눈물로 기도하면 다 된다는 그의 신앙신념이었다. 기도는 눈물과 땀과 피의 투쟁이다. 그리고 전투이다. 기도 없이는 세상과 죄악을 이길 수가 없다. 자기를 위해 사는 것처럼 어리석은 일은 없다. 어찌하여야 남을 위해 살다 가는 것인가 여기에 초점이 모아져야 한다. 의를 위하고 주님을 위해 죽음과 순교를 각오하는 사람에게는 두려운 것이 조금도 없는 것이다.

1943년 5월 6일 손목사의 형기가 끝나는 날이었다. 손목사는 가족과 교우들이 4월에 면회 오겠다는 것을 그만두게 하고 5월 17일 광주 형무소 앞에서 반갑게 만나자고 편지를 보냈다. 그래서 사모님과 아들(동인, 동신) 그리고 많은 동역자와 교인들은 이날을 손꼽아 기다리고 있었다.

그러나 일제는 손목사가 수형 중에도 존엄한 국체에 대해 아직도 각성함에 이르지 못하여 여전히 기독교 교리에 의한 반국가적 위험 사상을 고집하여 포기하지 않으니 사회에 석방할 때에는 다시 치안유지 제1장에 제시한 죄를 범할 우려가 크다고 인정하여 예비 구금소로 보내었다.

예비 구금소란 형무소의 연장으로 저들에게 위험시되는 인물들을 가두어 두는 곳이었다. 그리하여 손목사는 8.15 해방이 되어서야 감옥에서 석방되었다.

4. 부자의 순교

1948년 10월 19일 반란군의 총성을 신호로, 여수, 순천 사건이 일어나 고등학교와 중학교에 다니던 손목사의 아들 동인과 동신은 좌익학생들에게 끌려가 목사의 아들이라는 이유로 무수히 얻어맞고 예수를 버리고 전향하여 협력하라는 요구를 받았다. 그러자

"너희들이 내 목을 뽑을 수 있을지언정 내 신앙을 뽑을 수는 없다. 너희들도 이런 악한 행동을 하지 말고 예수를 믿으라."

하고 동인이 말하자 할 수 없다 쏘아라 하고 동인을 끌고 가서 나무에 붙잡아 매고 총을 겨누었다. 이것을 본 동신은 뛰어가 형을 가로막고

"여러분, 형은 장남이라 부모님을 모셔야 하니 대신 나를 죽이고 형은 살려주세요."

하고 외쳤다. 그러자 동인은 나무에 묶인 채,

"동신아, 무슨 주책이냐? 너는 얼른 집에 가서 나 대신 부모님을 잘 모셔라"

하고 타이르는 것이었다. 한 사람이 안 된다고 버티는 동신을 끌어내고 수건으로 동인의 눈을 가렸다. 최후가 다가온 줄 안 동인은 여전히

"너희들은 회개하고 예수 믿어라. 나는 죽으면 하늘나라

로 간다마는 너희들은 지옥의 형벌을 어떻게 받겠느냐?"
하고 말하니 저들은 이를 갈며
"쏴라! 하나 둘 셋" 하자
"아버지여 내 영혼을 받으시옵소서. 저희들의 죄를……."
하고 말을 끝내지 못하고 총탄에 맞아 그 자리에서 숨을 거두었다.

이 광경을 지켜보던 동신은 형에게 뛰어가 선혈이 낭자한 형을 붙잡고 통곡을 하다가 저들을 향해 죄 없는 사람의 피를 흘리게 한 너희들이 불쌍하다. 이제라도 예수를 믿고 회개하기를 바란다 하고 외치니 '이놈은 형보다 더 악질'이라고 나무에 붙들어 매고 총을 겨누었다. 그러자 동신은 두 팔을 십자가로 벌리고

"아버지여, 저들의 죄를 용서하시고 내 영을 받으소서."
하고 총에 맞아 형과 나란히 쓰러졌다.

어린 두 형제는 무지한 저들에게 억울하게 총살을 당하면서도 주를 증거하였다. 아~ 장한 형제여~ 손목사는 이 소식을 전해 듣고 큰 슬픔을 오히려 큰 기쁨으로 바꾸어 생각하였다. 두 아들이 순교하여 하늘 나라의 영광을 차지할 것을 확신했기 때문이다. 그는 주위 사람들에게 말했다.

"내 두 아들은 분명히 천국에 갔을 것입니다. 그러나 동인의 말대로 내 아들을 죽인 사람은 지옥 형벌을 면할 수 없을 것입니다."

손목사는 목자로서 아들을 죽인 자의 영혼에 대한 커다란 책임을 느끼고 있었다. 그리하여 국군에 붙잡혀 사형 직전에 있는 범인 안재선을 군당국에 잘 설득하여 데려다가 가르치도록 했다. 손목사는 구사일생으로 건짐을 받은 재선의 손을 잡고 말했다.

"네 과거의 죄는 기억 안할 테니 하나님 앞에 잘못을 뉘우치고 예수를 믿고 훌륭한 사람이 되어다오. 내 두 아들의 할 일을 대신 하여 네가 하여야 한다."

재선은 감격한 나머지 눈물을 흘리고 입을 열지 못했다. 6.25 동란 때 손목사는 6월 26일부터 서부교회에서 예배를 인도하기 위해 애양원을 떠났으나 삼천포에서 부산으로 가는 뱃길이 갑자기 막혀 가지 못하고 삼천포 교회와 하동 중앙교회서 집회를 인도하고 7월 6일 애양원으로 돌아왔다. 손목사는 이것이 나의 마지막 부흥회가 될 것 같다고 말하면서 길거리에 나가서 사람들을 모아놓고

"여러분 심판의 때가 다가왔어요. 마지막 때가 가까웠으니 죄를 회개하고 예수 그리스도를 믿고 구원을 받으라."고 노방전도를 하였다.

7월도 중순이 지나 순천에서 나덕환 목사가 와서 손목사에게 피란 갈 것을 권하자 이렇게 말했다.

"나는 기왕 감옥에서 죽었을 사람입니다. 8.15 해방 이전에 죽지 않고 더 산 것만 해도 얼마나 감사한 일인지 알 수

없어요. 내 몸이 가루가 되어도 주님의 사랑을 갚을 길이 없는데 내 어찌 피신하겠소. 주의 이름으로 죽는다면 영광이지요."

전세는 매우 긴박하여 여수도 언제 적의 손에 들어갈지 알 수가 없었다. 애양원 간부들은 이구동성으로 손목사에게 피신할 것을 권했으나 손목사는 듣지 않았다.

"우리 애양원 식구들이 전부 피할 곳이 있다면 나도 그들과 같이 피할지 모르겠으나 그럴 형편도 못되지 않소. 양떼를 죽이고 나 홀로 살아서 무얼 하겠소."

손목사는 애양원을 사수할 결심이었다. 그는 벌써 한 달째 금식하고 철야기도 하며 양떼를 지키며 파수꾼으로 무장을 하고 있었다. 양떼를 버리고 서울을 떠나온 목자들을 볼 때마다 마음이 아팠다. 자기라도 올라가서 서울을 지키려 하였으나 벌써 길이 막혔다.

8월 23일 인민군이 여수에 침입한 지도 한 달이 가까이 되었다. 그 동안 여러 차례 내무서원이 애양원에 와서 손목사의 유무를 조사했다. 애양원의 교인들은 손목사의 신변을 위해서 방공호나 환자 입원실 뒤에서 기도하고 피신하라고 권하였다. 그러나 손목사는 성전이 있는데 어찌 그곳에 가서 숨어 기도하라고 하느냐? 반대하였다. 그러면서 끝내 숨지 아니하였다.

그 동안 정체불명의 청년들이 여러 번 다녀갔다. 그때마다 벌써 피란을 떠났다고 말했다. 그러던 중 9월 13일 점심 때가 지나서 여수 내무서 율촌분주소, 소장 부소장, 방위대장, 그밖에 5,6명이 찾아왔다. 저들은 손목사의 신변을 다 알고 찾아왔다.

"손목사 있소?"

"안 계십니다."

"뭐, 안 계셔?"

저들은 구둣발로 성전 안으로 들어가서 강대상 밑에서 기도하고 있는 손목사를 끌어내었다.

"무슨 일로 오셨소?"

"동무가 손 목사요?"

"그렇습니다."

"우리는 내무서에서 왔는데 여쭐 말씀이 있으니 사무실까지 잠깐 가주셔야겠습니다."

하고 소장은 점잖게 말했다. 손목사는 순순히 그들을 따라나섰다. 그리고 내무소로 끌고 갔다. 소장은 큰 목소리로 물었다.

"여보, 당신이 손목사요?"

손목사는 마룻바닥에 엎드린 채 한참 기도를 계속하고 나서 조용히 고개를 들었다. 이리하여 그는 여수 내무서에 구금되었다.(돌이켜 보면 일찍이 여수 경찰서에서 10개월, 광주구치소에서 4개월, 광주형무소에서 1년 6개월, 청주 구금소에서 2년 남짓 살다가 5년이 지나 8.15 해방으로 풀려 났다가 다시 여수 내무서 교화장에 앉게 되었다).

"앉으시오."

"고맙습니다."

손목사는 담담한 표정으로 말했다.

"왜정 때 감옥에서 고생 많이 하셨지요?"

"네 뭐. 조금-"

"그런데 미안하지만 이것 좀 기록해 주십시오."

하고 취조관은 고백서라는 쪽지를 내놓았다.

"이것은 다 형식이니 기록하고 돌아가시오."

그 고백서는 본적, 주소, 성명, 출신 계급, 사회성분, 이력서, 그리고 고백서— 이런 것들이었다. 그런데 손목사는 다른 것은 이해가 되는데 고백서는 무엇을 기록해야 될는지 생각이 나지 않았다. 하나님께 고백하라면 몰라도 저들에게 무엇을 고백할 것인가? 취조관에게 물었다.

"무엇을 쓰는 것입니까?"

"과거의 잘못을 고백하는 것이지요."

손목사는 한참 써서 취조관에게 넘겨주었다. 취조관은 한참 읽고 나서 어이가 없다는 듯이 손목사를 노려보다가

"이 따위가 고백서야?"

하고 태도를 돌변하고 쏘아붙였다. 그 고백서라는 것에 손목사는 출신 계급이니, 사회 성분이니 하는 난에는 손도

안 대고 고백란에는 '죄인은 일찍이 하나님의 부르심을 받았으나 그 은혜를 속히 전하지 못하여 삼천리금수강산을 복음화시키지 못한 죄가 크며 주의 십자가의 피 공로를 깨닫지 못하고 싸우는 현대 인간들에게 복음의 진리를 언행으로 가르치지 못한 죄는 죽어도 마땅합니다. 하물며 살생을 일삼고 무력 정복을 꿈꾸는 이 현실에 대하여 무능력하고' 하는 식으로 쭉 기록했으니 저들이 보고 기가 막히지 않을 수가 없었다.

"여보 당신 우리 공산주의 악선전을 얼마나 하고 돌아다녔소? 왜 말 못해 미국 놈 스파이 노릇 얼마나 했어? 왜 말 못해?"

하고 취조관은 책상 밑에서 몽둥이를 꺼내 마구 후려치는 것이었다.

손목사는 주께서 맞으시던 매 내 어찌 마다하리요. 주께서 지신 십자가 내 어찌 마다 하리이까? 하고 마룻바닥에 엎드려서 눈물로 기도를 하였다.

손목사는 일제시대의 유치장 생활과 비교할 때 동족에게서 당하는(지금의 하루가 일제 시대 한 달 가량보다 괴로웠다) 식사 때마다 밥의 절반은 떼어서 다른 사람에게 나눠주었다. 그리고 감방에서 시간 있는 대로 기도하고 성경 외우고 전도한 그였다.

9월 28일 서울이 완전히 탈환되면서 전세는 역전되어 남한 전역에서 공산당은 패주하기 시작했다. 그러나 그대로 도망쳐 버리기에는 전공이 애석할 뿐이 아니라 다시 반격을 취하게 될 때 투옥했던 애국 투사들이 거추장스런 존재가 될 터이므로 납치해서 데리고 가거나 아니면 처치해 버리기로 했다.

여수도 예외가 아니었다. 손양원도 그래서 저들에게 무참히 총살당했던 것이다. 어깨에 입은 치명상은 피가 많이 엉겨 있었으며 두 손바닥에 뚫려 있는 것으로 보아 합장기도를 드리다가 총탄에 맞은 듯했다.

이리하여 그는 파란만장하였던 수난의 48세를 일기로 막을 내렸다. 유해는 원근 각처에서 모여든 문상객들과 애양원의 신도 1,000여 명이 애도하는 가운데 두 아들 동인, 동신 형제 옆에 안치되었다.

2
김대건 신부의 순교

김대건 신부는(1821-1846) 짧은 역사의 인물이었다.
한국 최초의 신부로서 신유사옥과, 기해사옥으로 피로 물든 천주교 역사 속에 용감히 뛰어든 하늘의 일꾼이었다.
당시 조정은 당파 싸움이 극에 달하여 온 나라 안이 암흑에 싸였을 때 천주교는 봉건제도 타파를 암암리에 외치며 전국 각지로 퍼져 나갔다.
그 포교의 세력이 커질수록 박해는 심하여 많은 선교사와 신도들이 죽음을 당할 무렵 당시 25세의 김대건 신부는 온갖 회유와 유혹을 물리치고 한강물이 출렁거리며 눈물짓는 곳, 새남터에서 순교의 피를 뿌렸으니 그 믿음의 숭고함과 용감한 모습은 우리 옷깃을 여미게 한다.

짧은 일생을 하늘을 향해 타올랐던
신앙의 별이여!
님은 가고 없지만 숭고한 신앙의 숨결은

영원히 성도의 가슴에 살아
아직도 영원할 것이오.

1. 빛과 어둠의 싸움

"나의 최후 시각이 이르렀으니 여러분은 내가 하는 말을 명심해 들어야 하오. 내가 외국 사람들과 어울려 지낸 것은 오직 우리 교회를 위하고 천주를 위해서였소. 이제 죽는 것도 천주를 위한 것이니 이제부터 내 영원한 생명이 시작되려는 순간이오. 여러분도 언젠가는 죽을 것이오. 그 뒤에 영원히 살 수 있는 복을 얻으려거든 하나님을 믿으시오. 하나님을 공경하지 않는 사람은 큰 형벌을 면할 수 없게 되오."

이 말은 우리나라 최초의 신부 김대건이 새남터(지금 서울 마포 양화진의 철교와 인도교 사이)의 형장에서 목이 잘리기 직전에 마지막으로 남긴 말이다.

빛과 어둠은 앙숙일 수밖에 없어 하나님의 복음이 처음 들어가는 곳에는 피로 얼룩지게 하였다. 이것은 우리나라도 마찬가지였다.

천주교가 동양에서 시작한 것은 13세기에 몽고족이 유럽을 정복한 때부터이고 우리나라는 1603년(선조36) 문신이며 소설가로 홍길동전을 지은 허균이 진주부사로 명나라에 내왕하면서 천주교를 연구하고, 기도문을 얻어 왔으며,

1637년 인질로 청나라에 잡혀간 소현세자는 북경에서 선교사 아담샬과 친교를 맺어 1614년 귀국할 때 서양 학문과 함께 천주교 서적과 천주교 상을 가지고 돌아왔으나 곧 세상을 떠나 빛을 보지 못하게 되었다.

그 후 영조 말기부터는 조정에서 물러난 정약용 3형제를 비롯하여 남인의 유력한 인사들이 천주교를 일종의 학문으로 연구하여 점차 신앙의 문턱에 이르게 되었다.

그러나 우리나라에서 처음으로 천주교에 정식 입교한 사람은 이승훈으로 그는 1783년 부친 이동욱을 따라 북경에 가서 천주교를 신봉하여 그라몽 신부로부터 영세를 받고 이듬해 성경과 성상을 가지고 귀국한 후 전도에 힘써 서울 김범우의 집에 최초의 성당이 서고 신자의 수가 날로 늘어났다.

당시의 조정은 당쟁의 계속으로 영달의 길이 막혀 세상을 비관하는 남인들과 침체 상태에 있는 주자학에 실증을 느낀 젊은 학도들에 의해 천주교 포교의 길이 열렸으며 이들이 봉건 사회 폐단을 통감하고 혁신을 부르짖게 되자 증인계급도 이에 호응하고 그 세력이 확산되었다.

그러나 조정에서는 이것을 묵과할 수 없어 1785년(정조 9년) 김범우를 비롯한 추종 인물들을 정배 보내고 많은 천주교 서적들을 불태워버렸다. 그러나 천주교는 여전히 전국으로 뻗어나갔다.

서울에서 멀리 떨어진 충청도 매포에 가까운 솔와에 김진후라는 착한 선비가 살고 있었다. 이분은 아들 4형제를 두었는데 둘째 며느리를 맞이하니 뜻밖에 천주교인이었다. 그녀는 충청도 일대를 도맡아 선교에 힘쓴 이존창의 질녀로 삼촌의 전도로 천주교에 입교했다. 그는 남편에게 전도하기 시작하여 온 식구를 모두 천주교를 믿게 되었다.

이렇게 천주교의 세력이 전국으로 퍼져나가자 조정에서는 충효의 사상에 반대하고 군신의 도를 어지럽게 하여 사회를 불안하게 하는 무리라고 하여 중국인 신부 주문모와 정약용 신도회장, 이승훈, 이가환, 권철신 등 300여 명의 신도를 목 베고 말았다.

이것이 1801년 신유사옥이었다. 이 바람에 김진후도 사형선고를 받고 옥사를 하였다. 그의 셋째 아들도 사학의 죄인으로 목이 잘렸다. 집안이 이런 비탄과 곤궁 속에 빠진 데다가 이웃의 조소와 멸시로 김진후 일가는 이미 많은 가족이 한데 모여 살기가 어렵게 되었다.

그리하여 둘째아들 택현은 부인과 아들을 데리고 경기도 용인의 골배마실로 이사했다. 택현은 아들 셋을 두었는데 둘째아들 제준은(이나시오)라는 본명으로 세례를 받고 장흥 고씨의 문중에서 아내를 맞아 1821년 8월 아들을 낳고 이름은 재복이라고 하였다. 이분이 곧 김대건이었다.

'골배마실은' 산으로 겹겹이 에워싸인 한적한 마을로 찾아오는 사람이 별로 없었다. 이 마을에서 5마장쯤 되는 곳에 온이 마을이 있고 15리 가량 떨어져서 한덕골이 있었는데 이런 마을에는 나라에서 한사코 잡아 죽이려는 천주교인들이 많이 살고 있었다.

재복이네 집과 허물없이 지내는 것은 한덕골 최씨 집이다. 이 최씨네 집은 서울에서 천주학을 하다가 이곳으로 쫓겨와 살았으며 이 집 할머니는 재복의 할머니 고모였다.

두 할머니는 만나기만 하면 지난날의 쓰라린 기억이 되살아나 이야기는 자연히 천주학의 박해로 돌아갔다.

"웬 천하에 못된 것들, 그 죄를 어떻게 받으려고."

하고 당시 생각을 회상하였다.

"그러게 말예요. 천주 믿고 착하게 사는 것이 죄가 되다니 놈들은 곱게 못 죽어요."

하고 옛 이야기를 모이면 하였다. 비록 배운 것이 없이 늙었지만 천주교에 나간 후에는 빈부와 귀천이 잠시 몸담았다 가는 이 세상의 것이고, 남존여비가 이 나라의 선비의 잘못된 사상이라는 것을 천주학이 가르쳐 주었다.

최씨집 할머니의 막내아들은 광천 속리산 기슭에 뒤듬리에 살고 있으며 그 집만 손자가 신부가 되기 위해 신학공부를 하고 있다는 말을 듣고 재복의 할머니는 그럼 우리 손자도 신부를 만들어야지 하고 지지 않으려고 했다.

그러나 재복은 아직 영세를 받지 않았다. 조정의 거듭되는 탄압으로 집안이 불안하기도 했지만 불원 중국에서 오기로 되어 있는 신부에게 정식으로 영세를 받기 위해 미뤄 왔던 것이다.

2. 험난한 유학의 길

한국 천주교도들은 본격적인 선교를 위해 북경 외국 선교회의 프랑스 주교에게 한국에 신부를 보내줄 것을 간청하여 1795년 중국 신부 주문모와 유빠치피꼬를 맞아들이게 되었다. 그러나 이들이 한국 풍속과 언어를 알지 못해 활동에 많은 애로가 있었다.

이들의 뒤를 이어 프랑스인 신부도 파송되었지만 이들의 뒤에는 언제나 죽음의 그림자가 따르고 있었다. 이들과 같이 일을 한다는 것은 위험하기 짝이 없었다.

한국에 처음으로 입국한 프랑스인 모방 신부도 이것을 절실히 느끼고 한국인 신부로 키울만한 사람을 물색하고 있었다. 당시의 신부가 되려면 독실한 신자로 어떤 역경 속에서도 목숨을 걸고 헤쳐 나갈 수 있는 용기와 지혜가 있어야 했다. 그런 적임자를 구한다는 것은 쉬운 일이 아니었다.

그런데 모방 신부는 뜻밖에도 과천에 사는 신도 최영화의 아들 양업을 발견했던 것이다. 믿음이 독실하고 입이 묵직하여 믿음직스러운 소년이었다. 그리고 곧 또 한 사람을 구했다. 홍천에 사는 최한지의 아들 방제도 나이가 지긋하고 믿음 두터운 영리한 소년이었다. 이리하여 모방 신부는 두 소년을 서울에 숨어서 몰래 가르치기 시작했다. 1835년도 저물어가기 시작하는 추운 겨울의 일이었다. 이듬해 모방 신부는 지방에 나갔던 길에 또 한 소년을 발견했다. 이 소년이 바로 골배마실의 재복이며 한국 최초의 신부 김대건이었다. 김대건은 모방신부를 따라 서울에 올라와서 방제, 양업 두 선배와 합류하며 공부하기 시작했다.

그는 역관 유진길에게서 우선 중국말을 읽히는데 주력했다. 신부 수업을 하려고 중국 유학을 하기 위해서다. 어느덧 그 해도 저물어 12월에 접어들자 중국 유학의 길에 오르게 되었다. 눈에 덮인 압록강은 건너기 쉽기 때문이다. 그리하여 15세 안팎의 소년들은 눈보라를 헤치고 압록강을 건너 산해관을 지나 드디어 북경에 도착하였다.

그러나 행선지는 아직 정해지지 않았다. 모방 신부는 이들 세 명에게 신학생을 보내면서 북경의 파리 외국 선교사에게 이런 편지를 보냈다.

'한국에서는 언제 박해가 일어날지 알 수 없습니다. 박해가 일어나면 저들은 전국을 뒤져 이 학생들을 제일 먼저 학살할 것입니다. 그러니 이들을 어디로 보내야 좋을지 문의하여 그 답장을 받으러 3, 4년이나 걸리니 그렇게 할 수 없는 일이 아닙니까? 한국에서 가르칠 수 있으면 좋겠는데 그것은 불가능합니다. 은동에 신학교를 세우면 곧 발각될 우

려가 있습니다. 마닐라나 싱가포르까지 아니면 페낭에다 보내는 것이 어떨는지요?'

마카오는 중국 광동만 입구에 있는 항구로서 1557년 포르투갈 인들이 점거하였으며 당시에 중국인을 위해 신학교가 설립되어 있었으며 한국에 선교 사업을 맡은 파리 외국 선교회의 지부로도 진출하였다.

그리하여 북경에 도착한 이들은 모방 신부의 의견을 따라 마카오까지 가기로 했다. 다음 행선지는 마카오까지 가서 결정하도록 했다. 그들은 육로로 걷고 또 걸었다. 그리하여 그 해 여름에 목적지인 마카오에 도착했을 때는 발바닥이 온통 부르터 있었다.

서울 떠난 지 8개월 만이었다. 마카오 외국 선교회 경리부 책임자로 있던 드푸레스 신부는 눈물로 이들 일행을 맞아들여 될 수만 있으면 고생을 덜 시키고 싶었다. 그리하여 다른 데 보내어 긴 여행에 시달리면서 시간을 낭비할 것 없이 마카오 외국 선교회 지부에서 가르치기로 결정했다. 그리고 인편에 서울의 모방 신부에게 이 사실을 편지로 알렸다.

'당신이 보낸 학생 세 사람은 다른 곳에 보내기가 마땅치 않아 이곳 경리부에서 가르치도록 했습니다. 갈렐리 신부를 책임자로 정하고 드푸레스 신부가 수업을 도울 것입니다. 이 결정은 북경 양베르 주교의 지시가 있을 때까지 계속 할

것입니다. 그리고 주교의 계획인 몽고 땅에 한국을 위한 신학교가 설립될 때까지 시행될 것입니다.'

수업은 치밀한 계획에 의해 진행되었다. 서울에서 모방 신부로부터 받은 교육은 기초에 지나지 않았다. 가르치는 신부들은 수업뿐만이 아니라 옷에서 음식에 이르기까지 잘 보살펴 주었다.

세 사람은 국경과 민족을 초월한 그리스도 사랑을 피부로 느끼면서 신학뿐만이 아니라 역사, 지리, 과학과, 라틴어와 중어, 불어 등 어학공부에 열중하였다. 그런데 불행하게도 이들이 마카오에서 학업의 열중한 지 1년 반쯤 되어 최방제가 병들어 두 친구의 곁을 떠나 버렸다.

인간이 사는 곳에는 언제나 슬픔이 따르게 마련이지만 이 역만리 땅에서 날마다 이마를 맞대고 공부하던 친구의 유해에 흙을 덮으면서 두 친구는 통곡을 했다.

김대건이 부모의 슬하를 떠난 지 4년째 되는 1839년 마카오에 민란이 일어나 갈렐리 신부의 인솔하에 마닐라로 피란하여 학업을 계속하고 있을 때 아버지가 인편을 통해 보내온 편지를 받았다. 집안 식구들은 다 무고하니 몸조심하여 공부 잘 하라는 짤막한 사연이 적혀 있었으나 읽고 또 읽었다. 그리고 하루 속히 학업을 마치고 고향으로 돌아가 부모님과 식구들을 만나고 싶었다.

그러나 이것이 아버지가 아들에게 마지막 편지일 줄은 꿈에도 몰랐다. 이 해에 기해사옥이 일어났던 것이다. 신유사옥으로 천주교의 기세는 크게 꺾였으나 그 후 다시 교세가 회복되어 감으로 1831년 프랑스 외국 선교회는 북경 교구에서 조선 교구를 독립시키고 신부를 몰래 파송하여 선교에 힘쓴 결과 1835년에 전국에 6,000밖에 되지 않았던 신도의 수가 9,000명을 넘어서게 되자 1839년(현종 5년) 천주교에 대한 대학살 사건이 일어났다.

저들은 이번에야 말로 천주학쟁이를 송두리째 뿌리 뽑을 심산이었다. 피가 흐르고 살점이 떨어져 나가고 뼈가 부서지는 형벌 속에서 천주교도들은 잡히는 대로 목이 달아났다. 당시에 한국에 와 있던 프랑스의 아베르 주교와 대건을 마카오에 보내준 모방 신부, 그리고 샤스탕 신부는 한강가의 새남터에서 목이 잘렸다.

그리고 대건의 아버지 김세준은 서소문 밖에서 목이 잘리고 최양업의 아버지는 서울에서 타살되고 어머니는 용산에서 목에 칼을 받았다.

그러나 이런 광풍 속에서도 교회 터전은 더욱 견고히 다져지고 생명의 샘물은 더욱 줄기차게 솟아올랐다. 김대건은 마닐라에서 반년 넘게 머물러 있다가 마카오로 돌아와 계속 형설의 꿈을 쌓아 이제는 어디에 가도 손색이 없는 당당한 하나님의 일꾼으로 성장했다.

3. 한국 최초의 신부

마젤란이 세계를 한 바퀴 돌아 동방의 항로를 개척한 후 서양의 각국은 앞을 다투어 황금의 나라 중국에 진출하였다. 1840년 영국이 선수를 쳐서 아편전쟁을 일으켜 커다란 이권을 손에 넣게 되자 프랑스는 저도 뒤질세라 세실 제독이 이끄는 군함 이리콘호를 파견했다.

1842년 마카오에 닿은 세실은 동양 지리에 밝은 통역이 필요했다. 세실은 중국을 거쳐 한국 땅에 가고 싶었다. 김대건은 이 소식을 듣고 잘하면 한국에 무사히 귀국하여 선교 사업에 도움이 될 것이라는 생각에서 세실의 통역이 되었다.

이때 아편전쟁 결과 중국과 영국 사이에 남경조약이 체결되어 홍콩을 영국이 통치하고 상해 등 5항구를 영국에 개방하는 것을 목격한 세실은 중국에서 인권 획득에 주력하기 위해 한국행을 포기했다.

대건은 세실과 헤어져 파브리스호에 함께 탔던 최양업과 프랑스 신부와 함께 다른 배로 그 해 10월 말에 요동 반도 백가점에 도착했다. 그는 이곳에서 꿈에도 잊지 못한 고국으로 갈 생각이다. 이곳에서 그는 한국에서 중국에 파견하는 임금의 세배군인 동지사를 통하여 기해사옥의 참사를 들었다.

전국에서 프랑스 사람 세 사람과 천주교 신도 200여 명이 무참히 학살되었다는 소식을 들었다. 대건은 거지로 변장하여 의주까지 이르니 여권을 조사하고 있었다. 대건은 한참 망설이다가 마침 여권을 집어넣으면서 지나가는 사람이 있어 그와 함께 시치미를 떼고 조사가 끝난 사람처럼 걸어갔다.

"여보, 여보."

관리가 대건을 불렀다. 대건은 모르는 척하고 그냥 걸어갔다.

"여보, 여권을 보여야 할 게 아니오."

뒤 따라 오는 관리의 목소리가 거칠었다.

"아니, 다 보고 나서 뭘 또 보겠다는 거요?"

대건은 기세가 등등하여 말했다. 관리는 자기가 혹시 잘못 봤나 하고 어물어물 하는 사이에 성큼성큼 걸어서 멀리 가버렸다.

실로 아슬아슬한 위기였다. 한참 가다가 뒤돌아보니 염탐꾼이 뒤를 따르는 것이 아닌가?

그러나 한참 그대로 걷다가 두루 살펴보고 있자니 염탐꾼이 보이지 않았다. 관가에 알리러 간 것이 분명하였다. 대건은 그 길로 서울행을 포기하고 되돌아서서 몽고 땅 팔자스로 향하였다.

1939년 기해사옥 때 순교하였던 한국 선교사 책임자였던

앙베루 주교의 뒤를 이은 페레올 주교가 이곳에 거처하고 있었기 때문이다. 페레올 주교는 대건에게 빨리 입국할 길을 뚫으라고 독촉했다. 주교 이상으로 마음이 조급한 대건이었다.

그는 1844년 빠자스를 떠나 동북 훈춘 방면으로 발길을 돌렸다. 서북 의주의 관문을 뚫기 어려웠기 때문에 방향을 바꾼 것이었다. 그런 무인지대가 많은 이곳을 혼자 갈 수가 없었다. 그래서 동행을 찾다 보니 목단강을 돌아야만 했다. 그는 눈보라치는 2월에 만주벌판을 썰매로 달려 송화강을 지나 흑해를 거쳐 훈춘에 도착했다.

훈춘에서 경원까지는 16킬로, 길로 험난한 길에 비하면 아무것도 아니었다. 훈춘에서 수소문하여 알아본 결과 경원에서 함경도 지방을 거쳐 서울로 간다는 것은 의주를 지나 서울 가기보다 더욱 어렵다는 것이었다. 그는 힘없이 다시 발길을 몽고로 돌려 두 달 만에 바자스로 돌아왔다.

1845년 대건은 페레올 주교의 지시에 따라 다시 의주의 길을 뚫어 보름 만에 서울에 무사히 도착했다. 조정에서는 이미 김대건과 최양업이 외국에 빠져나갔다는 사실을 알고 있었다. 그래서 대건은 자기의 거처를 몇몇 간부에게만 알리고 의지할 곳 없이 다니고 있으며 어머니에게도 기별하지 못하였다. 대건은 자기가 할 일이 너무 많아 어디에서부터 손을 써야 할지 알 수가 없었다. 그는 신학생을 모집하여 정성껏 가르치는 한편 순교자의 자료 수집에 착수했다. 1785년 처음으로 순교자를 낸 후로 아무도 손을 대지 않은 일이었다. 다음에 그는 황해를 건너 프랑스 주교를 모셔오기 위해 길이 8미터 폭이 3미터짜리 조각배를 한 척 사들였다.

1845년 4월 그믐날 대건은 입국한 지 넉 달 만에 황해도를 건너 간신히 오송에 이르러 페레 주교를 기다렸다.

이곳에서 대건은 페레 주교와 만나기로 약속하였던 것이다. 며칠 후에 기다리던 페레올 신부를 만나 동행한 다불뤼 신부와 함께 배를 타고 다시 떠났다. 며칠이 지나 육지가 보이기에 연평도 앞바다에 도달한 줄 알았더니 제주도 연안까지 밀려왔던 것이다.

대건은 뱃머리를 북쪽으로 돌려 다시 항해를 계속했다. 목적지는 한강이 아니면 연평도였다. 그런데 배가 닿은 곳은 강경 근처 황산포였다. 김대건은 페레올 주교와 다불뤼 신부가 그곳에 상륙하여 곳곳에 흩어져 사는 신자의 집에 숨어살면서 한국말부터 배우게 했다.

이윽고 김대건은 먼저 상륙하여 페레올 주교가 거처할 집을 장만하고 신자들의 실태를 파악하여 연락망을 작성하고 조정에서 풀어놓은 염탐꾼의 그물에 걸리지 않도록 만반의 대책을 세웠다.

말이 잘 통하지 않는 외국 신부들만 모셔 왔던 신자들은 이제 한국 신부가 지도해 주니 매우 편리하고 또 여간 대견스럽지 않았다. 그는 외국 신부면 하루 종일 걸릴 일도 금세 처리해 버렸다.

그리하여 김대건이 신부가 되어 돌아왔다는 소문이 금시 널리 퍼지었다. 그 해 겨울에 김대건은 황산포에 있는 페레올 주교를 모시고 상경했다. 그 동안에 주교는 한국어를 많이 익혀 웬만한 의사소통은 불편하지 않았다.

페레올 주교는 김대건에게 지방 선교를 지시했다. 말이 지방선교지 오랫동안 수고한 대건을 한동안 쉬게 하려는 배려였다. 김대건이 어렸을 때 살던 골배마실에서 가까운 은이 마을에 찾아가서 사방으로 수소문을 하여 어머니를 찾았다. 그때까지 어머니를 모실 엄두를 내지 못한 것은 그런 여유가 없기 때문이다.

자기가 맡은 큰일에 비하면 어머니에게 대한 정은 사소한 것이고 또 자기만 어머니를 모시고 산다는 것은 수많은 순교자의 후손들에게 미안한 일이고 또한 아직 입국도 못한 동창 최양업에게도 미안한 일이었다.

김대건은 여러 달 후에 겨우 어머니를 찾아냈다. 10년 만에 만나는 어머니와 아들, 이들은 얼싸안고 눈물만 흘릴 뿐 말문이 막혔다. 쑥밭이 된 고향 산천에는 무덤만 있었고 아버지의 무덤은 찾을 길이 없었다.

"너는 이 겨레를 부모로 삼고 형제로 여겨야 해."

이렇게 말하는 어머니의 목소리가 귓가에서 떠나지 않던 어느 날 김대건 신부는 페레올 신부의 부름을 받고 서울로 올라갔다. 이것이 고향을 떠나는 마지막이 될 줄이야?

페레 신부는 그 동안 한국 교계의 실정을 완전히 파악하고 김대건 신부의 활약이 얼마나 큰가를 절실히 느끼고 있었다. 그는 최양업도 하루 속히 불러들이기 위해 김대건을 불러들였던 것이다.

1846년 5월 14일 김대건은 마침 연평도에서 중국으로 떠나는 어물상선에 유람객으로 편승하였다. 배는 두 주일 만에 동산진에 닿았을 때 해안지대를 순찰하러 나온 군졸들에게 검문을 받고 구속되었다.

몸을 수색한 결과 천주학을 하는 사람으로 판명되었기 때문이다. 저들은 즉시 김대건을 해주 감영으로 압송했다. 김대건은 주감영에서 네 번이나 심한 고문을 당했다. 저들은 뜻밖에 대어가 걸려들었다고 신이 났다. 김대건은 이미 순교를 각오하니 마음이 편했다. 그는 나졸들을 돌아보고 말했다.

"사람은 누구나 한번 왔다 도로 가게 되어 있소. 나는 천주를 위해 죽는 것이 오히려 소원이오. 그러니 오늘 묻고 내일 물어도 내 입에서 나오는 말은 똑같아요. 때리고 볶아도 마찬가지니 죽여주오."

4. 고국에 뿌린 선혈

　해주 감사는 김대건의 문제를 자기들로서는 결정짓기 어려우니 선처를 바란다는 내용의 서한을 현종에게 올렸다. 당시에 현종은 갓 스물의 젊은 나이로 철부지로 왕위에 오른 후 오늘에 이르기까지 나라의 크고 작은 일을 중신들에게 맡겨 왔으나 이번만은 그냥 넘길 수가 없었다. 왕은 중신들을 불러놓고 말했다.

　"그것 참 이상한 일이오. 기해년에 사학하는 무리를 다스린 지 몇 해 되지도 않았는데 또 그런 자가 있다니 경들은 무엇들을 하고 있었소. 경들은 빨리 조사하여 선처하도록 하오"

　그러자 중신들은 이구동성으로 일의 중대성에 비추어 김대건을 서울로 압송하여 문초하기 위해 좌우포청의 합동 조사위원을 구성하는 것이 좋겠다는 것이었다.

　이리하여 서울에 압송된 김대건은 세계 대세를 논하고 한국의 후진성을 통박하는 동시에 미구에 닥쳐올 서양 문물을 받아들여 나라의 개화의 필요성을 역설하고 쇄국정치의 어리석음을 개탄했다. 그리고 참된 종교는 천주교이며 세계 선진국가의 국민들이 모두 이 종교를 신봉하고 있는데 유독 한국만이 신도를 잡아 죽이려고 하고 있는가 비난했다. 저들은 김대건의 해박한 지식에 우선 놀랐다. 문초하던 나졸의 우두머리가 말했다.
"네 말이 옳기는 하다만 나라에서 천주교를 금하니 어쩌겠느냐? 그보다는 지금이라도 늦지 않았으니 마음을 고쳐먹고 천주학을 하지 않겠다고 한 마디만 하면 앞으로 높은 벼슬에 오르게 될지도 모르니 그렇게 하는 것이 어떠냐?"
사실 중신 사이에도 김대건이 나라에 큰 인재로 생각하고 애석한 나머지 그의 배교를 은근히 권면하였다. 그러나 김대건은 여러 차례 문초를 통하며 끝까지 신앙의 지조를 굽히지 않았다.
1846년 8월 10일 영의정 권돈인이 헌종에게 아뢰었다.
"사도에 물든 김대건의 죄는 일각도 용서치 못한다는 것이 신들의 의견이올시다. 그러하오니 지체 없이 목을 베어 매달아 백성을 경계하는 것이 가한 줄 아뢰오."
"경들이 알아서하오."
윤허가 내리고 말았다. 김대건은 옥중에서 페레올 주교와 전국 신도에게 보내는 글을 적어놓았다.
'세상 모든 일이 주의 뜻이 아닌 것이 없습니다. 이런 박해도 천주께서 허락하신 것이오니 감수 인내하기 바랍니다. 나의 죽음이 당신들의 육정과 영혼 대사에 어찌 거리낌이 없을까마는 천주 대전에서 만나기를 천만 바랄 뿐입니다.'
그는 자기가 죽고 난 후의 어머니를 생각했다. 분명히 자기 목숨을 피로써 천주께 바치는 제사이기는 하지만 어머니의 가슴에 박을 못을 생각하니 눈이 감겨지지 않았다.

"나의 어머니를 천주님께 부탁합니다. 10년 동안이나 못 본 아들을 불과 며칠 동안 만나보았을 뿐 곧 또다시 잃어버렸으니 설움에 잠긴 어머님을 위로하고 지켜주시기 바랍니다."

한강물이 출렁거리는 눈물진 새남터 관습에 따라 옷을 벗긴 다음 얼굴에 물을 뿌리고 그 위에 회칠을 했다. 겨드랑이에 기다란 막대기를 끼워 앞뒤에서 치켜들고 현장을 돌기 시작했다. 세 바퀴 돌고 다시 모래바닥에 꿇어앉힌다. 머리를 풀어 노끈으로 잡아맨다.

좌 깃대에 걸어 잡아당기는 고개가 번쩍 치켜 올려진다. 12명의 휘쟁이(사형집행인)들이 칼춤을 춘다. 취해 발길이 휘청거린다. 이때 어떻게 하면 베기가 쉽겠는가? 당년 25세 김대건이 목을 뽑아 올리고 말한다.

"자ー 쳐라."

준비가 다 되었다. 휘쟁이들은 다시 춤을 추면서 대건의 어깨를 쳤다. 피가 솟았다. 다음은 팔을 쳤다. 상체는 피범벅이 되었다. 치고 또 치고 여러 번 만에 드디어 목이 달아난다.

휘쟁이 하나가 쟁반을 들고 다가선다. 그 위에 목을 올려놓고 검사관에게 갖다 바친다. 이제는 그 목을 높이 달아매는 절차만 남았다. 그런데 뜻밖에도 어영청 대장이 큰소리로 말했다.

"목을 달아매는 것을 중지하라신다."

나라님이 베푸시는 특별한 선심이었다. 그리하여 김대건 신부는 25세 젊은 나이로 할 일 많은 한국 땅에서 초대 천주교의 선교사로서 조정의 박해로 인하여 한을 품고 아깝게도 할 일을 못다 하고 기독교 선교의 피를 흘려 제물이 되었다.

그는 갔으나 그의 선교의 정신과 순교의 피는 한국 민족의 가슴에 깊이 남아 살아 역사하고 있는 가톨릭 천주교의 초석이 되었다.

3
한국 초대감리교 선교사 아펜젤러 목사

아펜젤러(Henry Gerhart Appenzeller 1858-1902)는 역사의 인물.

1885년 부활절— 이 백성의 얽혀 맨 결박을 끊고 자유와 하나님의 사랑을 알게 하고자 한 선교사가 이 땅에 발을 들여놓았으니 그가 바로 선교사 아펜젤러이다.

배재학당을 세우고 정동 감리교회를 여는 등 다각적인 면에서 복음사업을 전개하였으며, 일제에 반대하는 우리 독립투사들을 적극 지원하여 정신적인 지주가 되기도 하였다. 위험을 무릅쓰고 전도 여행과 가진 환란 속에서도 주위 사람들에게 특유의 재치와 유머로 즐거움을 주었으니 그의 인격은 누구에게나 감화를 주기에 충분했다.

목포행 여객선이 침몰하여 죽음을 맞이하는 순간까지도 남을 구하고자 했으니 그의 희생과 사랑은 분명히 영원한 빛으로 남았다.

1. 복음의 메신저

1885년 부활절에 아펜젤러 목사가 장로교회 언더우드 목사와 함께 처음으로 목포, 제물포 땅을 밟게 된 것은 이보다 3년 전인 1882년 우리나라와 미국 사이의 체결된 한미우호조약에 근거하고 있다.

이 조약으로 한미 두 나라는 국교를 정상화하여 서로 외교관을 교환하게 되었다. 1883년 4월 미국은 초대 주한 공사로 후트(L.H.Foote)가 입국하여 정동에 공사관을 설치하고 우리 정부에서는 그 해 7월 민영식을 단장으로 한 사절단을 미국에 파견하였다. 국제 외교에 어두운 우리나라에서 아무 준비 없이 대사급을 파견할 수 없었기 때문이었다. 사절단 일행은 후트 공사가 타고 온 미국 군함 모노카시호를 타고 태평양을 건너 9월 샌프란시스코에 도착하였다.

여기서 이들은 기차로 미대륙을 횡단하여 시카고를 거쳐 워싱턴으로 향하였는데 이 기차 속에서 당시에 볼티모어에 있던 감리교 목사이며 가우처여자대 학장인 가우처 박사를 만나게 되었다. 가우처 박사는 이 기차 안에서 난생 처음 보는 이상한 옷 차림의 한국 사절단에 호기심을 느껴 통역을 통해 이들에게 말을 걸어 이야기를 나누는 가운데 한국의 사정을 처음으로 알게 되었다.

그는 이 나라에 하나님의 복음을 전하여야겠다는 사명감

에서 뉴욕에 있는 감리교 선교부에 한국의 사정을 알려 선교 활동을 펴도록 촉구하고 선교자금으로 2,000불을 기부했다. 그리고 미국 감리교회 여론을 일으키기 위해 감리교 기관지 편집장인 버글리 박사를 움직여 한국 선교를 주장하는 내용의 글을 15회 이상이나 연재하게 했다.

그러자 여러 곳에서 선교 기금이 모여 20,000불에 이르렀다. 이때 감리교회 선교회 파울리 감독은 선교 위원회를 소집하여 한국 선교를 정식으로 결정하고 일본 주재 감리교 선교사이던 맥클레이 박사에게 한국에 가서 실정을 답사하여 보고하도록 지시했다.

그리하여 맥클레이 박사는 1884년 서울에 와서 후트 공사의 관저에 머물면서 당시의 승정원의 승지로서 고종의 신임을 받고 있던 김옥균을 찾아가서 그가 내한한 동기를 이야기하고 선교 사업의 목적과 내용을 적은 서한을 주면서 임금에게 전달하고 한국에서 선교사업을 할 수 있도록 허락을 받아달라고 요청했다.

맥클레이 박사는 김옥균이 4년 전에 통신사로서 일본에 왔을 때 교류하여 잘 아는 사이였다. 며칠 후에 맥클레이 박사가 김옥균을 찾아갔더니 고종 황제께서 그 서한을 신중히 살펴보시고 병원과 교육사업을 하도록 허락하셨다고 말했다. 맥클레이 박사는 임무를 성공적으로 마치고 이 소식을 가우처 박사와 파울리 감독에게 보고했다. 이것은 실로 놀라운 일이었다.

　15년 전만 하더라도 대원군의 시퍼런 칼날 아래 수많은 천주교도들이 목숨을 잃었으며 외국인은 선교사이건 아니건 가차 없이 처형되었던 것이다. 맥클레이가 정식으로 입국하여 황제로부터 선교사업에 대한 윤허까지 받고 이들에게 아펜젤러 목사 일행이 입국하여 선교 사업을 시작한 것을 생각하면 실로 놀라운 일이었다.

　한국에서 개신교회는 그 출발이 천주교회에 비해 순탄하였으며 때를 잘 만났다고 할 수 있다. 아펜젤러는 1858년 6월 미국 펜실베니아주 소다튼이라는 마을에서 태어났다. 아버지 기태은이 아펜젤러와 어머니 마리아 게어하트 사이에 3형제 중 둘째아들로 태어났다. 그의 조상 제이곱 아펜젤러는 1735년 스위스에서 미국으로 이민하여 펜실베니아주의 소다튼에서 대대로 농사를 지으면서 살아왔다.

　아펜젤러 목사의 어머니는 믿음이 독실하여 세 아들에게 어렸을 때부터 성경을 가르쳐주었다. 그리하여 루터 교회 기본신조인 하이텔베르크 신앙문답과 십계명, 주기도문, 사도신경 등에 대한 공부를 하며 신앙 훈련을 쌓아 복음주의 신앙의 터전을 닦았다. 그는 농사일을 부지런히 돕고 운동 경기에도 열심히 하였고 건강했다. 대자연의 품속에서 그는 구김살 없이 자랐다.

　그는 동물과 자연을 사랑하였고 그는 땅에 애착과 농업에도 큰 관심을 가졌다. 그는 14세 때 임마누엘의 개신교회서 세례를 받고 1976년 18세 중생의 신앙체험을 하여 해마다 이 날을 기념하고 있다. 이해 그는 고향에서 좀 떨어진 웨스트 체스터에 있는 고등학교에 다니고 있었는데 이 작은 도시에 장로교회의 홀턴이라는 분이 인도하는 특별집회가 있었다.

그는 이 집회에서 비로소 자기 죄에 대한 하나님의 구속의 은총을 깊이 체험하게 되었다. 이 은총에 대한 감사와 감격이 그로 하여금 평생 그리스도를 위하여 헌신하게 되었다.

그가 이런 감격적인 체험을 한 다음에는 그것으로 그치지 않고 자기가 다니는 학교에 기도회를 조직하고 이를 이끌어 나갔으며 이 기도회가 자라서 웨스터 체스터에 YMCA로 발전하게 되었다.

이렇게 아펜젤러는 장차 해야 할 하나님의 큰일을 위해 아버지의 뜻을 따라 랭카스터에 있는 프랭클린 마샬 대학에 입학하였다. 이 대학은 장로교회서 경영하는 학교로 미국 대법원에 아버지라고 불리는 프랭클린과 마샬의 이름을 따서 이렇게 불렀다. 아펜젤러는 이 대학에서 공부하면서 자유와 평등에 대한 신념과 정렬을 길렀으며 유력한 교수들 밑에서 학문적인 훈련을 쌓았다.

그는 대학에서 특히 커퍼 박사의 영향을 많이 받았다. 그리고 타고난 어학의 재질을 십분 발휘하여 히브리어를 마스터하고 희랍어와 희랍 학문에 열중했다.

그러나 그의 대학생활은 이런 학문적인 탐구에 그치지 않고 이와 병행하여 신앙적으로 꾸준한 성장을 거듭하여 성숙한 단계에 이르게 되었다. 어렸을 때는 부모의 신앙을 그대로 이어받아 칼뱅주의 신앙 노선을 고수해 왔으나 대학에 들어와 비로소 랭카스터에 있는 여러 교파의 교회에 다니면서 그의 장점을 취할 수 있었기 때문이다. 그리하여 그는 더욱 깊은 신앙 체험을 갈망하게 되었다. 그때 그는 랭카스터 제일감리교회 기도회에서 그들의 생명력 있는 신앙고백과 종교체험에 큰 감명을 받고 교회를 옮기기로 했다. 그때 랭카스터 제일감리교회 담임목사는 스미스였는데 아펜젤러는 그의 지도하에 요한 웨슬레의 신학과 신앙을 익혀 나갔다.

2. 위대한 결심

아펜젤러가 선교사로 가기로 결심한 것은 결코 갑작스런 일이 아니었다. 그가 23세 되던 해인 1891년 대학 3학년 때 해외 선교에 대한 설교를 듣고 큰 감명을 받고 호주머니를 털어 선교 사업을 위해 2불 50센트의 헌금을 한 적도 있다. 그리고 한 주일 후에 일기장에는 내 생애의 야심은 주님을 섬기는 일에 전체를 바치는 데 있다고 기록하여 그리스도를 위해 헌신할 것을 굳게 다짐하였다. 이런 결심은 대학 졸업을 앞두고 변함이 없었으며 대학을 마친 후에는 뚜루신학교에 입학하여 그의 결심을 구체적으로 실천에 옮기기 시작했다.

신학교에 입학한 후에는 그의 외국 선교에 대한 정열은 조금도 식지 않았으며 선교 사업에 큰일을 위해 꾸준히 준비하고 있었다. 신학교 시절에 와즈워드라는 절친한 친구가 있었는데 이 둘은 모두 외국 선교에 뜻을 두고 있었는데 일본과 한국에 대한 책을 읽은 후부터 아펜젤러는 일본에서 일하고 와즈워드는 한국에 가서 일하기로 결심했다.

그 후 한미 수호조약이 체결되어 한국이 처음으로 미국 사회에 소개되기 시작했다. 그리하여 당시의 미국 신학생들은 자기 나라와 새로 조약을 맺은 한국 나라는 나라가 도대체 지구의 어디쯤 있는지 알아보기 위해 지도를 찾아보고 나서 비로소 위치를 확인하였다. 이때 이들에게 비쳐진 한국의 이미지는 은둔의 나라 정도였다.

그러므로 당시에 선교하러 한국에 간다는 것은 목숨을 걸고 모험을 해야 한다는 생각이 앞서게 되어 보통 사람은 엄두도 못 내게 되었다. 이 모험이 두려웠는지 졸업을 앞두고 감리교 선교부로부터 한국 선교사 임명장까지 받아놓은 와즈워드가 부득이한 개인 사정 때문에 한국행을 포기했으므로 아펜젤러가 자진해서 대신 한국에 가기로 했다.

그는 남이 못 가는 곳, 가기를 꺼려하는 곳에 자청해서 가기로 했다. 이미 몸을 바치기로 결심한 이상 어떤 수난과 고통도 그를 막을 수는 없다. 그는 이 사실을 랭커스터에 있는 그의 약혼자 럿지 양에게 알렸다. 그는 졸업을 한 달 앞둔 1834년 12월에 두 가지 경사가 있었다. 한 가지는 결혼이었고 한 가지는 감리교 선교사로 임명된 것이었다. 그런데 막상 임명장이 나오고 보니 그의 부모도 마음은 편할 리가 없다. 다른 친구들은 안전한 국내 목회자를 택했는데 유독 자기 아들만은 미개한 낯선 땅으로 찾아가는 그 의도를 이해하기 어려웠던 것이었다. 더구나 어머니는 결혼한 지 얼마 되지 않은 아들 내외가 자기 곁을 떠나는 것을 불안하게 생각하였다.

1885년 1월 14일 뚜루신학교 교수와 학생들은 아펜젤러 내외를 위해 성대한 환송예배를 올리게 되었다. 그리고 아펜젤러가 아내와 함께 미대륙을 횡단하여 샌프란시스코를 가려고 기차로 떠날 때는 신학교 학생 전원이 역에 나와 찬송가를 부르면서 전송해 주었다.

그는 샌프란시스코에 도착하여 선교부의 파울리 감독에게 목사 안수를 받고 일본으로 떠나는 배를 기다리고 있었다. 이보다 두 달 앞서 아펜젤러와 함께 한국으로 떠날 의료 선교사 스크랜턴도 파울러 감독에게 목사 안수를 받았는데 그 날은 바로 한국에서 갑진정변이 일어나 개화당에 소속된 많은 사람들이 피를 흘리고 쓰러진 12월 4일이었다.

　이렇게 해서 한국으로 가는 선교사들은 아펜젤러 부부와 스크랜턴 부부 이외에 그의 어머니인 스크랜턴 부인 등 모두 5인으로 이들은 1885년 2월 3일 아라빅호에 몸을 싣고 지루한 항해 끝에 일본에 도착하여 동경에 가서 맥클레이 박사를 만났다.

　지난해 서울에 와서 고종황제로부터 선교 사업에 대한 윤허를 받은 맥클레이 박사는 일본에서 선교 사업을 하는 한편 청산학원을 설립하여 운영하고 있었다. 당분간 한국 선교부와 감리사 책임까지 맡고 있었다. 그들 한국 선교사 일행은 일본에 있는 동안 갑신정변으로 그곳에 망명한 박영호에게 한국말을 배웠다.

　그러나 그들에게는 우리말 공부가 어려웠던 것이다. 어떤 사람은 한국어는 목이 곧은 히드라라고 평하고 있다. 그러나 선교지의 언어는 선교의 무기가 됨으로 머리가 아홉 개 달린 뱀이 아니라 백 개가 달린 뱀이라도 그 괴물과 싸워서 이기지 않으면 안 된다.

　이들의 인천 상륙 계획은 사전에 세밀히 검토되었다. 5명의 선교사가 한꺼번에 한국에 상륙하면 정부와 백성들의 의심을 살지도 모르므로 인원을 분산시켜 아펜젤러 부부가 선발대로 우리나라로 떠나고 남은 스크랜턴의 가족 세 명은 당분간 일본에 남게 하였다.

그리하여 3월 23일 아펜젤러 부부는 요꼬하마에서 바로 나가사끼까지 와서 3일간 머물다가 이곳을 떠나 4월 2일 우선 부산에 도착했다. 아펜젤러의 가슴은 감격으로 두근거렸다. 그는 처음으로 밟아 보는 한국 땅 부산의 인상을 이렇게 말하고 있다.

'부산의 도로는 두 사람이 나란히 걸을만한 너비의 길이다. 우리는 가파르고 울퉁불퉁한 언덕 두 개를 넘었다. 그리고 이곳에 잘 다듬어진 밭과 논을 갈고 있는 사람을 보았다. 그들은 마치 성지에서 밭을 갈고 있는 모습을 연상케 하였다. 우리는 어깨가 벌어지고 건강한 잘생긴 사람들을 만났는데 그들은 명절 옷을 입고 아무 일도 하지 않고 있었다. 우리는 또 개천의 돌 위에서 빨래 방망이로 옷을 두드리며 빨래하는 여자도 보았다. 그들은 우리에게 얼굴을 돌려 은둔 정신을 나타내었다. 그들은 자기 남편 이외 남자의 얼굴을 보아서는 안 된다. 아펜젤러 부부는 이튿날 제물포로 떠나 4월 5일 부활절 날에 제물포에 닿았다. 이 배에는 아직 미혼인 장로교의 언더우드 목사도 함께 타고 있어 다소 위로가 되었다.'

  우리나라에 오자 그는 다음과 같은 기도문을 보고서 끝에 적어 보냈다.

'우리는 부활절 날 여기 닿았습니다. 이날 죽음의 철창을 꺾으신 주께서 이 백성의 얽매인 결박을 끊으시고 그들을

하나님의 자녀로서 자유와 빛으로 인도해 주시기 바랍니다.'

그는 외세의 압제 아래 죄악과 질고, 무지와 미신에 얽매여서 절망과 체념 속에 사는 백성들에게 희망과 용기를 주기 위해 한국에 온 것입니다.

3. 해방의 사도

아펜젤러 부부가 우리나라에 왔을 당시는 갑신정변의 충격이 아직 가시지 않았으며 청·일 두 나라의 충돌이 언제 서울에서 일어날지 알 수가 없을 때였다. 그러므로 목사가 안심하고 일할 형편이 못되었다. 아펜젤러 부부는 인천에서 일본인이 경영하는 호텔에 투숙하고 서울에 있는 호크 공사에게 편지를 보내어 서울에 입경할 수 있는지의 여부를 알아보았더니 호크 공사는 한국의 실정이 외국의 여자가 들어와 살기에는 아직 때가 이르니 부인은 잠시 일본에 가 있다가 오는 것이 좋겠다는 답장이었다. 그리하여 아펜젤러 부부는 서울에 들어오지 못하고 인천에 약 한 주일 머물러 있다가 일본으로 돌아가고 독신인 언더우드 목사만 입경하여 알렌 병원에서 일하게 되었다.

맥클리 박사는 일본에 와 있던 스크랜턴 의사를 혼자 한국으로 보냈다. 그리하여 스크랜턴 의사는 부인과 어머니를 일본에 둔 채 혼자서 서울에 와서 감리교 병원 개설 준비를 서둘렀다.

그 후 한국 내의 정세가 어느 정도 안정되게 되자 아펜젤러 부부는 제물포를 거쳐 7월 17일 서울에 도착하였다. 그러나 이때만 해도 서양 사람을 머리색도 검지 아니하고 눈과 입과 얼굴 모양도 다르고 키도 크고 하니까 무슨 동물이 진화되어 그렇게 된 줄 알았지 사람으로 여기지 않았던 때였다. 그렇게 배타적이고 아직도 외국 종교에 대해 의구심과 경계심이 많은 시대에 어떻게 접근하겠는가?

그는 선교보다 무난한 교육 사업부터 시작하도록 했다. 그러나 이것도 쉬운 일은 아니었다. 그는 당시의 일을 다음과 같이 쓰고 있다.

'처음에 배재학당을 시작할 때 사람들은 무시하고 멀리하려고 했다. 그러나 선교사들이 이곳에 와서 도무지 접촉할 방법이 없었다. 학교를 세운 것도 청년들과 접촉하기 위한 매개체로서 시작된 것이다. 그런데 학교에 다니겠다는 사람이 없으니 거리에 나가서 거지 아이들을 모아들일 수밖에 없었다. 그 아이들을 데려다가 옷을 해 입히고 밥을 먹여주고 불을 때주고 이부자리를 해주고 해서 고아원 정도로 시작했다. 그러다가 영어를 공부해서 웬만큼 알게 되면 외무부에서 사절단을 보낼 때에 통역으로 등용하게 되자 비록 요사이 같은 좋은 가문에서도 공부하러 다니게 되었다.'

아펜젤러는 처음에 스크랜턴 의사가 소개한 두 아이에게 영어를 가르치기 시작했다. 이것이 우리나라에서 신교육의 시작이고 배재학당의 처음 개교일이다.

초기 학생들은 태반이 결혼하여 가정을 가진 학생이었다. 이때 학생들이 아펜젤러를 찾아와서 공부하려는 동기는 벼슬하기 위해서였다. 그리하여 차츰 전도의 필수요건인 백성과의 접촉을 쉽게 할 수 있게 되었다. 학교에는 학생들이 계속 찾아왔으며 고종황제는 이듬해인 1886년 6월 친히 배재학당이라는 학교 이름을 지어 하사하고 그의 교육 사업을 격려해 주었다.

아펜젤러가 본격적인 선교사업보다는 교육에 열을 올리게 된 것은 현명한 방법이었다. 그는 과거에 프랑스의 천주교 신부들이 자기 신분을 감추고 몰래 입국하여 상옷을 입고 갓으로 얼굴을 숨기고 다니면서 선교한 사실을 비판하여 다음과 같이 말했다.

'우리는 한국 사람을 개화시키면서 공개적이고 솔직해야 한다. 그래야 빨리 그들의 신임을 얻게 될 것이다. 그는 요란스러운 출발보다는 조용한 시작을 원하였다. 그렇게 하는 것이 한국 그 당시 실정에 맞는 것이었다. 우선 이 백성에게 봉사의 정신을 심어주고 선교하는 것이 늦지 않는 현명한 일이었다. 처음부터 그들을 자극하는 공격적인 선교 방법을 취해서는 안 된다는 전략이다. 2,3년 안에 우리는 자리를 잡고 한국어를 통달하게 되면 지금 우리가 이렇게 조용히 뿌린 씨는 마침내 중요한 열매를 맺게 될 것이다. 아펜젤러는 이런 확신을 가지고 자리를 잡고 한국어를 통달하게 되면 지금 우리가 이렇게 조용히 뿌린 씨는 마침내 중요한 열매를 맺게 될 것이다.'

아펜젤러의 이런 확신은 오래지 않아 그대로 이루어졌다. 그는 이듬해인 1886년부터 자리를 잡으면서 선교사업을 서서히 시작하게 되었다.

우선 감리교 교리 문답서를 번역 출판하여 기회 있는 대로 접촉하는 사람에게 나누어주면서 전도하기를 게을리하지 않았다. 당시 여러 가지 방법으로 선교활동 전개를 하였다. 당시 신흥우 박사는 다음과 같이 말하였다.

"아펜젤러는 부드럽고 인자한 말씨와 친근감이 있는 사람으로 그를 존경하고 배우기를 원했다. 그리고 가끔 집으로 초청하여 성경에 있는 이야기를 들려주고 음악도 가르쳐 주었고 그의 딸이 이상한 악기도 치고 노래도 들려주었다(지금의 피아노) 1,2년 지나니까 예수를 믿을 생각을 가지게 되었다"

아펜젤러는 이런 방식으로 전도를 기회 있을 때마다 하게 되었다. 한편 스크랜턴 의사의 어머니는 우리나라 여성을 위한 교육과 선교사업을 위해 1885년 6,000여 평의 땅을 사서 교사를 짓고 이듬해 학생도 얻게 되어 오늘의 대 이화가 시작된 것이다. 그리하여 여학생 전도는 전적으로 스크랜턴 부인이 담당하게 되었다. 처음에 학생을 모집하는 어려움은 아펜젤러의 육아 안이었다. 먹여주고, 입혀주고 학용품까지 대어준다고 해도 오려고 하지 않았다. 아펜젤러 목사도 그녀를 한국에서의 미국 감리교 여자 선교부에 위대한 사업을 위한 어머니라고 말했다.

시작이 반이라는 말처럼 아펜젤러 선교활동은 첫해가 제일 어려웠으나 앞날은 낙관할 수 있었다. 그들이 1년 동안에 거둔 수확은 학습인 1명, 원입인 100명, 주교생 30명 학교 학생수 30명 병원 1개소였다. 지난 1년은 계속적인 불안의 1년이었고 많은 기도를 했고 우리 사업을 성공적으로 시작한 해로 기록되었다. 모두 하나님께 영광을 돌렸다. 이런 성공적인 해를 보내자 이런 자신을 가진 아펜젤러는 대담하게 전도사업에 나서기로 하였다.

당시에는 종교 자유령이 내리지 않았으나 한국 사람이 기독교를 믿으면 죽음을 면치 못할 것이라는 법령이 폐지되지 않았을 때였다. 그러나 선교사들의 의료 사업이나 교육 사업에 찬동한 고종 황제의 호의만 믿고 과감하게 나서기로 했다. 그리하여 아펜젤러는 1887년 두 가지 꿈을 이루려고 했다. 하나는 이 땅에 처음으로 양옥으로 지을 학교였고 지금까지 그는 아이들을 자기 집에서 가르치었다. 이 소망이 이루어져서 그 해 예배장소가 하나, 교실 넷, 도서관, 사무실, 그리고 학생들의 기술 훈련을 위한 지하실로 된 르네상스식 단층 양옥이 우리나라의 처음으로 세워졌다. 또 하나의 꿈은 현대식 교회 건물을 짓는 것인데 이것은 10년 후에야 이루어졌다. 그 대신 예배와 성경 공부할 장소, 작은 기와집 한 채를 사서(벧엘 예배당)이라고 부르고 1887년 10월 9일 4명의 교인이 모여서 예배를 드렸다. 이것이 오늘의 정동교회의 요람이 된 것이다.

아펜젤러는 한국 감리교회 감리사직까지 겸하여 배재학당을 중심으로 한 선교 활동에만 전념할 수 없었다. 그는 선교 전략을 세우고 이를 집행하는 한편 다음해는 언더우드와 함께 평양을 중심한 서북 지역에 전도 여행을 떠났다.

그러나 주한 외국 선교사들에게 종교 활동을 중지하라는 한국 정부의 명령이 내려 곧 서울로 돌아와야만 했다. 천주교에서 지금의 명동성당이 서 있는 중현에 터를 닦고 왕궁을 내려다볼 수 있는 높은 성당을 지으려고 했을 뿐 아니라 서양 사람들이 한국 어린이를 유인하여 삶아 먹고 눈알을 뽑아 병원에서 약으로 쓴다는 헛소문이 퍼졌기 때문이다. 그러나 이것이 거짓이라는 것이 밝혀져 얼마 후 선교활동이 계속하게 되었다.

아펜젤러는 배재학당 4명으로 전도대를 조직하여 방학 때마다 각처로 전도여행을 떠나게 하고 믿음 자란 교인들을 선발하여 전도사로 임명하여 전도에 박차를 가했다.

1888년 10월에는 황해도 지방을 순회 전도하고 다음해 2월에는 공주지방을, 8월에는 대구를 거쳐 부산까지 가서 복음을 전하였다. 불과 1년 사이에 우리나라 8도 중에서 6도를 순회 전도하니 그의 열성은 대단하였다.

그는 이 전도여행에서 돌아와 종로에 교회 하나를 세웠으니 이것이 중앙교회 시작이었다. 이리하여 동료들과 같이 감리교회 선교 활동이 눈부신 발전으로 북으로는 평양을 거쳐 신의주까지였고 남으로는 부산까지 서로는 해주까지 동으로는 원산까지 확장되어 갔다.

아펜젤러는 그리스도인의 생활이란 주를 위한 봉사라고 생각했으며 그의 이런 실용주의적인 기질과 행동력은 후에 우리나라 와서도 그대로 나타났다.

그는 우리나라에서 목회할 때에도 사회 불의와 약자에 대한 강자의 억압에 항거하고 언제나 권력에 유린당하는 자의 편에 서서 교회를 치리해 나갔다. 그는 우리나라의 숨은 독립자의 후원자로서 이모저모 힘이 되고 있다.

그는 적극적인 행동파에 속하는 사람이라고 그의 동료인 스크랜턴은 그를 다음과 같이 말하고 있다.

"그는 균형잡인 체격에 머리를 높이 쳐들고 뒤로 젖힌 큰 키는 위압적이었다. 어떤 사람도 끌 수 없는 위압적인 인상이었다. 얼굴은 불그스름하고 매우 건강해 보였으며 언제나 미소를 띠고 항상 공손하였다. 그리고 매력적이었다. 목회자의 임무가 사람을 잡는 어부라고 하듯 그는 걸리는 사람을 모두 하나님 앞으로 끌어올렸다. 목사로서 모든 것이 구비된 인물이었다. 그것은 그의 재치 있는 해학이었다. 유머야말로 목회자가 갖추어야 할 무기인데 그는 언제나 유머로 주위 사람들을 즐겁게 하였다. 모든 인간관계에 마찰이 없고 잘 운영하였다. 그런 고로 교회나 학교나 각종 집회에 사람들이 몰려들었다."

4. 수난의 순직

1902년 아펜젤러 목사는 당해 보지 못한 가장 슬픈 체험을 하게 되었다. 당시 일본은 러시아와 일전을 각오하고 준비에 착수하고 있었다. 이미 일본 사람들의 손에 의해 경부선이 가설되어 이 공사에는 일본 사람들도 많이 동원되었으며 이들은 노일관계가 악화되자 모든 외국인을 일단 러시아인이 아닌가 하여 경계했다.

어느 날 아펜젤러 목사는 자기 관할 하에 있는 서울 근교의 무치내교회로 스웨리 목사를 대동하고 예배를 인도하기 위해 경부선 철도 공사장을 지나갈 때였다. 어떤 일본인 노동자가 아펜젤러 일행을 가로막았다.

"이놈들 어디가?"

"우리는 교회 목사요."

하고 아펜젤러 목사가 부드럽게 답했다.

"거짓말 말어. 너희들 러시아 간첩이지?"

이렇게 한참 시비가 벌어지자 이것을 멀리서 지켜보던 노동자 두세 명이 몽둥이를 들고 뛰어오더니 다짜고짜 난타하는 바람에 아펜젤러 목사는 얼굴에 유혈이 낭자하여 그 자리에 쓰러지고 이어서 스웨리 목사가 곤봉 세례를 맞아 이마에 큰 상처를 입고 쓰러졌다.

일본인 노동자들은 피를 보고 나서야 사태가 심각한 줄 알았던지 자기들의 막사로 사라져 버렸다. 두 목사는 이러한 상처를 가지고 무치내교회로 갈 수 없어 서울로 돌아오고 말았다.

아펜젤러 목사는 병원에서 치료를 받고 목포에서 열린 성서 번역 위원회에 참석하기 위해 비서 겸 서기로 있던 조한규와 집이 목포인 정신학교 여학생을 데리고 제물포에서 배로 목포를 향해 출발했다. 이때 아펜젤러 목사는 운산광산에서 기술자로 일하던 미국인 보올비와 함께 일등 선실을 차지했다.

얼마쯤 시간이 지나서였다. '꽝'하는 소리가 들려오면서 배에 큰 충격이 전해졌다.

짙은 안개 속에서 배가 675톤짜리 일본상선 기소가와 마루와 충돌하는 소리였다. 들이받은 큰 배는 무사했으나 받친 구마가와 마루는 곧 침몰하기 시작했다. 보올비는 곧 바다에 뛰어들어 헤엄쳐 기소가와 마루의 구명선에 구조됐으나 아펜젤러는 서기 조한규와 그가 책임지고 목포까지 데려다줘야 했던 여학생을 구해 내려다가 자신의 목숨을 잃고 말았다.

그가 결정적인 마지막 순간 2분 동안에 그는 마음만 먹었더라면 자기 생명 정도는 건질 수 있었을 것이다. 그는 수영에 능숙했을 뿐 아니라 시간 여유도 있었기 때문이다. 인간은 이런 극한 상황에 처해 있을 때 비로소 그 사람의 본성을 알게 된다. 그의 희생정신은 마지막 순간까지 나타났던 것이다.

그리하여 17년 동안 한국에서 전심전력을 다한 아펜젤러 목사의 헌신과 봉사의 생애는 44세의 짧은 일기로 끝나고 말았다. 이 소식이 감옥에 갇혀 있던 독립협회 회원들에게 전해지자 저마다 통곡했다. 특히 평소에 아펜젤러의 각별한 사랑을 받은 이승만은 땅을 치며 통곡하고 하루 반을 계속 울고 단식을 하였다. 그의 딸 아펜젤러 양은 이화여자대학 학장으로 일생을 바치고 아들 엘리 아펜젤러는 배재학교 교장으로 일생을 바쳤다.

4
장로교 초대 선교사 언더우드 목사

언더우드(Horace underwood)는 1859-1916년 역사의 인물.

미국 장로교회 선교사로서 1885년 4월 한국에 도착한 후 갖은 고난을 이겨내며 전도사업에 힘썼다. 광혜원에서 야간 학생들에게 물리, 화학 등을 가르치기도 했으며 자연스럽게 복음을 전파해 갔다.

신학 교수로서 경신학교, 연희전문학교 설립 등 미래의 열매를 위해 성실히 씨를 부렸으며 1889년에는 영한사전, 한국어문법 등 중요한 책을 펴내기도 하였다. 그는 이제 천국에 가 계시지만 그가 뿌린 땀방울은 우리나라 기독교계는 물론 교육계에 큰 거름이 되고 있다.

1. 입궐하는 마상(馬上)의 여의(女醫)

1880년 당시는 나라 안팎이 유난히 소란하고 불안한 해였다. 민비 일파와 대원군 일파 사이에 암투는 점점 치열해 가고 관리들은 부패하기 짝이 없고 민생은 극에 달하여 사방에 민란이 그칠 사이가 없었다. 한편 일본과 청국, 러시아 등은 호시탐탐 한국을 노리고 있었고 강대국의 침략에 따라 정세는 날로 먹구름이 감돌아 불안하기 짝이 없었다.

그리하여 고종이나 조정에서는 선교사들에게 신경을 쓸 만한 여지가 없었다. 민비는 대원군 이후 나라의 실권을 잡고 있는 민씨 일파의 거두였다. 민비가 선교사에게 너그러운 데는 특별한 사유가 있었다.

1884년 알렌(H. N Allen)이 한국주재 의료선교사로 와서 처음으로 문을 연 병원 광혜원에서 일하는 여의사 릴리어스 호오튼이 민비와 개인적인 친분이 있기 때문이었다. 릴리어스가 한국에 온 지 얼마 되지 않은 어느 날 민비가 복통을 일으켜 오랫동안 시달리게 되었다. 궁중 시의의 정성 처방에도 전혀 효력이 없어 용하다는 무당을 불러 굿까지 했으나 전혀 차도가 없었다.

민비는 하는 수 없이 양의인 광혜원 여의사 릴리스를 불러들였다. 민비가 보낸 시녀를 따라 릴리스가 입궐을 하니 민비는 아랫배를 움켜잡고 숨이 넘어갈 듯이 신음하고 있었다. 릴리스가 진찰해 보니 탈은 없었다. 그리하여 주사를 놓고 약을 먹였더니 곧 나아버렸다.

민비는 손수건으로 이마에 맺힌 땀을 씻으면서 릴리스의 손을 잡고 몇 번이나 고맙다고 치하를 하였다. 그 후로 릴리스는 민비의 의사로서 가까이 지냈다. 릴리스는 상냥하고 사교적이고 성실한 여의였다. 민비는 날이 갈수록 릴리스를 신임하고 총애하게 되었다. 그후 릴리스는 자기가 쓴 책에서 이렇게 말하였다.

"중전 마마는 우리에게 너무 고맙게 해주어 황송하기 짝이 없었다. 우리를 극진히 사랑해 주셨다. 우리는 그를 존경하고 찬양했으며 여러 차례 마마에게 복음을 전할 기회를 갖게 되었다. 마마께서 우리에게 들은 말을 상감과 왕자에게 일러드리는 것을 보니 그 기쁨은 형언할 수 없었다. 성탄절에는 트리를 세워드리고 크리스마스 캐럴을 들려주었다. 새해 명일 때 마마께서는 나에게 300불을 보내시면서 그 돈으로 진주를 사고 남은 것은 아들을 위해 쓰라고 자상히 말씀해 주셨으며 여느 때처럼 꿩과 계란을 주셨다."

중전마마가 릴리스를 의사로 삼은 후부터는 미국에 대한 조정의 신임은 날로 두터워졌다. 그리하여 미국 선교사들은 적극적인 선교 활동을 하기 시작했으며 마침내 노방 전도까지 하게 되었다.

그러나 사람들은 선교사의 서투른 한국말은 이해가 되지 않았다. 그의 신기한 얼굴을 바라볼 뿐이었다. 어느 날 네 사람의 한국인 교군이 미국인 여의사 릴리스를 4인교에 태우고 종종 걸음으로 대궐을 향해 가고 있었다. 4인교가 육조 거리로 접어들 때였다. 억세게 생긴 사나이가 4인교 앞을 막고 나섰다.

"이놈들 성큼 4인교를 내려놓지 못할까?"

사나이의 호통 소리에 교군 하나가 짐짓 위엄을 부리면서 말했다.

"우리는 중전마마의 시의를 모셔오라는 어명을 받고 대궐로 가는 길이오."

사내들은 일제히 덤벼들어 교군들을 땅바닥에 때려눕혔다.

"이놈들아, 저 속에 탄 계집은 양코배기 아니냐? 다시 이따위 짓을 해봐라. 가만 안 둘 테다."

이 북새통에 릴리스 의원은 입궐하지 못하고 병원으로 돌아갔다. 때마침 광혜원에 있던 언더우드는 릴리스가 입궐하는 도중에 한국인의 습격을 받아 되돌아왔다는 말을 듣고 어이가 없어 말문이 막혔다. 그는 알렌의 만류를 물리치고 릴리스와 함께 문 밖을 나섰다 이들이 육조 거리에 들어서자 아까의 그 험상궂은 사나이가 앞을 가로막고 나섰다.

"이놈들 어디 가나?"

쏘아보는 눈초리가 사나웠다.

"목사님, 바로 저 사람이에요."

릴리스는 얼른 언더우드의 팔을 잡았다.

"여보세요. 우릴 대체 어떻게 하겠다는 거예요?"

릴리스는 사나이에게 정색을 하고 말했다.

"너희 양코배기를 이 나라에서 내쫓고야 말 거야."

언더우드 목사는 릴리스에게 작은 목소리로 반응하지 말라고 타일렀다. 밀알이 썩어야 씨를 맺듯이 우리는 피를 흘려야 결실을 본다고 하였다.

언더우드 목사가 때리고 싶으면 때리고 죽이고 싶으면 죽여 봐요라고 하자,

"이 친구 제법 배짱으로 나가는군. 에잇 맛좀 봐!"

사나이가 휘두르는 가죽 채찍이 두 선교사를 후려갈겼다. 그리하여 미국인 두 선교사는 온 몸에 상처를 입고 광혜원으로 돌아왔다.

이 소식을 전해 들은 민비는 금부와 좌우 조정에 엄명을 내려 앞으로 서양인에게 함부로 행패를 부리는 자는 엄벌에 처한다고 방을 붙였다.

그 후로 언더우드는 릴리스를 말에 태운 다음 손수 고삐를 잡고 정동 숙소에서 재동 광혜원까지 조석으로 함께 출퇴근을 했다. 이것은 그 당시 서울 장안에 하나의 진풍경이었다. 릴리스는 이런 언더우드를 진심으로 고맙게 생각하고 피차 두 사람의 마음에는 사랑의 싹이 트기 시작하였다.

2. 제물포의 낯선 손님

1885년 박사 25세 청년으로 젊음을 이 땅으로 옮겨 40년 동안 선교의 공이 널리 사방에 번지고 고심으로 조선민중에 믿음과 슬기를 돕는 그의 평생을 생각할지로다.

날로 늘어 감을 따라 우리의 사모함이 갈수록 깊으면 작은 힘을 모아 부은 구리로서 방불함을 찾으려 함이라. 뉘 박사의 일생을 57세로 하다냐? 박사 의연히 여기 계시도다.

이것은 연세대학교 뜰에 세운 동상에 쓰여 있는 글이다. 언더우드 박사가 제물포에 입항하여 처음으로 한국 땅을 밟게 된 것은 1885년 4월 5일 나라가 매우 어수선한 때였다. 화륜선에 제물포 앞 바다에 뿌연 안개를 헤치고 부두에 닿자 이마가 시원스럽고 눈초리가 날카로우며 입매가 야무진 장로교 청년 목사는 마중 나온 알렌 의료 선교사의 손을 덥석 잡았다. 목사로서 한국 땅에 선교사로 온 것은 그가 처음이었다. 언더우드 목사는 1859년 7월 19일 영국 런던에서 6남매 중 넷째 아들로 태어났다.

아버지 존 언더우드는 독실한 기독교 신자로 화공약품상을 경영하고 어머니 엘리자벳 역시 믿음 두텁고 성격이 온유한 분이었다.

언더우드는 어렸을 때부터 의지가 강하고 창의성이 풍부한 사업가적인 재질이 있었다. 이러한 성격은 그의 선교사업에서 잘 드러나 큰 성과를 올렸다. 그의 별명은 불덩어리와 커다란 날개였다. 그러나 언더우드의 어린 시절은 불우했다. 5세 때 어머니를 여읜 데다가 아버지는 사업에 실패하여 곤궁한 처지에 놓이게 되었다.

언더우드가 10세 되던 해에 다행히 장학금을 탈 수 있게 되어 프랑스의 가톨릭계 사립학교에 유학하게 되었다. 3년 후 언더우드는 아버지를 따라 미국으로 이민했다. 아버지는 미국에서 기울어진 가세를 일으키기 위해 부지런히 노력한 끝에 어느 정도의 기반을 잡게 되었다.

언더우드는 18세 때 뉴욕 대학에 입학하여 뉴우더르햄의 자기 집에서 7마일이나 되는 거리를 통학하면서 1891년 졸업하자 곧 뉴욕브린스위크 신학교에 입학하여 유명한 목사인 이스톤 교수의 가르침을 받게 되었다. 그는 이스튼 목사가 인도하는 부흥회 일을 돕는 동안에 대중과 상종하는 기술을 익히게 되었다.

1884년 신학교를 졸업하고 목사 안수를 받았다. 그는 그 해에 뉴욕대학에서 석사학위도 받았다. 신학교를 입학할 당시에는 인도에서 선교활동을 하려고 했으나 신학교 재학 중에 일본선교사였던 알트맨스 박사를 알게 되어 선교의 방향을 바꾸었다.

알트맨스 박사는 어느 모임에서 한국을 다음과 같이 소개하였다.

- 1882년 조선은 미국과 통상조약을 맺었습니다. 이 나라에 선교할 기회가 온 것입니다. 그런데 인구 1천 300만이나 되는 이 나라는 아직 교회가 없습니다. 미국 선교부는 이 나라에 선교할 목사를 보내야 합니다. 그러나 선교부에서는 한국 조야의 배타적인 국제 사정을 들어 시기상조라는

신중론이 우세하여 한국 선교는 주춤한 상태에 있습니다.-

이때 언더우드는 인도보다 한국에 가서 선교하야겠다는 굳은 결심을 했다. 그러나 한국으로 선교하러 간다는 것은 결코 쉬운 일이 아니었다. 언더우드는 선교부에 한국 선교 갈 요청을 여러 차례 했으나 차일피일 미루기만 해 왔다. 그리하여 실의에 차 있을 때 뉴욕에 어느 교회로부터 목회를 맡아달라는 부탁이 왔다.

언더우드는 망설이지 않을 수 없었다. 이 청을 수락할 것인가 아니면 선교부의 허락을 기다릴 것인가? 선교부의 허락은 현재로서는 가망이 없었다. 그렇다고 시간을 허비할 수는 없었다. 며칠 후 생각하고 기도한 끝에 뉴욕교회에 목회 청빙에 수락하는 편지를 써 가지고 우체통에 막 집어넣는 순간 그러면 한국 선교는 어찌할 것인가? 한국은 버려져 있는 곳이 아닌가?

일종의 계시처럼 마음에 강하게 들려왔다. 그는 우체통에 넣으려던 편지를 다시 호주머니에 넣고, 두드리라 그리하면 열릴 것이다. 그는 이런 마음으로 선교부를 찾아갔다. 사무실에는 마침 실무를 담당하는 엘리우드 박사가 있었다. 언더우드는 자기를 한국으로 보내달라고 간청을 하였다.

"박사님, 이것은 하나님의 뜻입니다. 누구든지 한국에 선교사로 가야 합니다."

엘리우드는 뜻밖에도 언더우드의 청을 받아들여 기꺼이

승낙하였다. 때마침 선교부 이사이며 마른칸트 재단의 이사인 맥윌리엄스라는 사람은 한국에 비상한 관심을 가지고 선교사를 파송해 달라고 천불을 보내왔던 것이다. 그러자 선교부는 언더우드 목사를 한국에 보내기로 결정하고 이 사실을 언더우드에게 통보하려던 참이었다.

그는 1884년 한국 선교사 제 1호로 임명되어 다음해 4월 5일 바로 부활절 날에 한국에 첫 발을 내디뎠던 것이다.

4. 이역의 하늘 아래서

알렌은 언더우드에게 한국에서 사람들 앞에서 절대로 선교사의 신분을 드러내서는 안 된다고 몇 번이나 당부했다. 하나님의 하자도 모르는 한국 사람에게 섣불리 신분을 밝히고 직접 복음을 전해서는 십중팔구 일을 망치게 되므로 우선 선교를 위한 준비 작업부터 해야 한다는 것이다. 이에 대해서는 언더우드도 동감이었다. 그런데 어떤 방법으로 선교할 것인가가 문제였다

이에 대한 알렌은 복안을 갖고 있었다. 그는 언더우드의 길에 비자나 마찬가지였다. 그래서 그를 가리켜 한국의 세례 요한이라고 부른다.

그는 1858년 미국 오하이오주 델라웨이에서 출생하였으며 1881년 오하이오 웨슬리안 대학을 졸업하고 다시 1883년 와이에 의과대학을 졸업하자 즉시 장로교 선교부로부터

중국 의료 선교사로 임명되어 부인과 함께 상해에 도착했으나 적당한 선교지를 물색하지 못하여 1884년 9월 20일 한국 의료선교사로 제물포에 상륙했다. 한국과 같은 황무지에 복음을 전하기 위해 의료사업을 먼저 한다는 것은 현명한 처사였다. 당시 한국은 정치적 사회적인 변동으로 선교활동에 대한 박해가 상당히 완화된 것은 사실이었다.

1881년에 기독교를 사교로 낙인찍어 단죄한 고종의 이른바 척화 윤음은 이미 시효가 없어져 대원군이 서울을 위시해서 곳곳에 세웠던 척화비는 뽑혀져 없어졌다. 그렇다고 신앙의 자유가 허용된 것은 아니고 천주교, 기독교는 여전히 국법으로 금지되어 있었다.

그러나 이 법을 어긴 것이 탄로가 되어 잡아가더라도 대원군 때처럼 참형을 당하지는 않았다. 선교사들을 체포하면 국외로 추방하는 것이 고작이고 한국 신자는 가벼운 형벌을 내리거나 보고도 못 본 체하는 경우가 많았다.

이제 프랑스는 물론이고 일본까지도 기독교에 대해 관용을 베풀 것을 한국 정부에 권고하는가 하면 청국에 북양 대신 이홍장도 이에 대해 적극적인 반응을 보여 나라 안에서는 서양 종교나 문물을 받아들이려는 개화의 풍조가 서서히 일기 시작했다.

알렌은 의료 선교사로서 한국 땅을 밟기는 했지만 어떤 일을 시작해야 할지 막연했다. 의료 사업을 시작하려면 조정의 허가가 필요한데 이것은 결코 쉬운 일이 아니었다. 그런데 알렌이 한국에 온 지 한 달도 못되는 1884년 10월 17일 김옥균을 위시한 개화파가 일으킨 갑신정변으로 치명상을 입은 근위대장 민영익을 비롯하여 많은 부상자들을 치료한 것이 계기가 되어 조정의 신임을 얻게 되고 알렌의 이름이 장안 백성들에게 알려지게 되었다.

알렌은 이듬해 민영환이 주는 사례금 10만 원으로 조정의 허가를 받아 광혜원을 개설하게 되었다. 병원 건물은 갑신정변 때 죽은 홍영식의 집으로 고종이 하사한 것이다. 그리고 알렌은 참판으로 서품되는 동시에 임금의 어의로 임명되었다. 이리하여 한국에서 복음선교운동의 길이 열렸다.

그러나 알렌은 신중했다. 선교 활동을 표면에 드러내지 않았다. 서서히 조정의 신임을 얻어 피를 흘리지 않고 자연스럽게 선교의 열매를 맺게 할 심산이었다.

광혜원은 개설한 후 지금까지 주먹구구식 한방에만 의존해 오던 병을 처음으로 과학적인 서양의학에 의해 치료를 받는 사람은 신기하고 놀랍기만 하여 한국 조야의 호의와 신임은 날로 두터워졌다. 그리하여 미국에 대해 한국 정부는 점차 호감을 갖게 되었다. 그것은 불원간에 선교의 자유가 온다는 예고이다.

언더우드는 알렌의 제의에 따라 광혜원에 서양 의학과 과학을 배우러 오는 한국 청년들에게 공부부터 가르치기로 했다. 학생들에게 강의하면서 은연중 복음을 심어주자는 것이다. 언더우드는 한국 학생들에게(의학, 물리, 화학) 등을 가르치기 시작하였다. 후일에 세브란스의과대학은 이렇게 해서 출발했던 것이다. 언더우는 일찍이 인도에 선교하러 가기 위해 공부했던 의학이 이렇게 요긴하게 쓰일 줄을 상상도 못했다.

언더우드는 한국 이름을 원두우라고 짓고 미국 공사관과 알렌의 사택에 있는 정동에 집을 마련했다. 그런데 하루는 국왕의 부름을 받게 되었다. 예감이 불길하여 알렌과 함께 입궐하여 고종 앞에 부복하자 고종은 조용히 위엄 있게 다 그치는 어조로 물었다.

"언더우드, 그대는 우리나라에 어떤 사명을 띠고 왔는지 말해 보오."

그러나 언더우드가 말하기 전에 알렌이 먼저 입을 열었다.

"전하, 그것은 신 알렌이 이미 말씀드린 줄로 아옵니다. 언더우드가 일본에 머물면서 알렌에게 한국에 관한 문의를 해왔을 때 알렌은 고종에게 한국에 가장 요긴한 것은 인재를 길러내는 것이며 의학, 물리, 화학 등 새로운 학문을 가르칠 마땅한 사람이 있으니 입국을 허락해 달라고 고하여 윤허를 얻은 바가 있습니다."

"그건 과인이 알고 있소. 그런데 어찌하여 본래 사명과는 달리 학생들에게 야소교를 선전하는 거요? 과인은 야소교를 허락한 기억이 없소. 야소교는 우리 국법으로 금하는 종교인데 서울 중심에서 야소교를 권하는 것은 국법을 어기는 처사가 아니오?"

격한 어조였다.

"과인이 이 보고를 받고 금부에 명하여 관련자들을 모조리 체포하려 했으나 참판이 나라에 끼친 공이 크기에 지중하고 오늘 이처럼 불러들인 것이오."

알렌은 할 말이 없었다. 황은이 망극할 뿐이었다. 이때 언더우드가 비로소 입을 열었다.

"전하, 사실은 소인이 야소교를 권한 것이 아니고 1882년에 맺은 한미 통상조약에 따라 외국인 거주 지역에서만 본인의 신앙생활을 했을 뿐입니다. 그런데 어찌하여 우리 조선인에게 야소교를 전했다는 보고가 들어왔습니까?"

알렌이 말했다.

"전하. 그것은 언더우드 교수의 신앙생활을 보고 백성들이 와전한 것입니다. 굽어 살피소서."

"음, 그렇게 되었나?"

고종은 더 이상 추궁하지 않았다. 이리하여 두 사람은 위기를 벗어나 어전에서 물러났다. 고종은 이런 일로 시비를 따지고 있을 만큼 마음의 여유가 없었다. 소용돌이치는 내외 정국이 고종에게는 너무나 벅찼다.

알렌과 언더우드는 우선 외국인 교회를 먼저 설립하도록 전략을 세웠다. 그것은 무난하고 합법적인 길이다. 그리하여 1885년 6월 23일 주일 저녁에 정동에 있는 알렌의 집에서 알렌 부부를 비롯하여 6명이 모여 감격적인 첫 예배를 드렸다. 그들은 기도하고 찬송하는 동안에 북받치는 눈물을 금할 수가 없었다.

한편 언더우드는 노방 전도를 시작했다. 사람들이 많이 내왕하는 길거리나 시장에 나가서 성경을 읽고 큰소리로 전도하였다.

"여러분, 예수를 믿어 복을 누리고 살다가 천국 백성이 되십시오. 예수는 우리의 구세주요, 하나님의 아들이십니다. 예수를 구세주로 마음속에 받아들이면 누구나 복을 받을 수 있습니다."

사람들은 이러한 언더우드를 하나의 구경거리로 생각할 뿐 그의 말씀에 대해서는 별로 귀를 기울이지 않았다. 다만 전과 같이 불한당의 행패가 없는 것만도 다행한 일이다. 그러나 언더우드는 조금도 실망하지 아니하고 꾸준히 노방전도를 계속했다. 언젠가는 뿌려진 복음의 씨앗이 싹이 나고 꽃이 피고 열매를 맺을 때가 반드시 온다는 것을 믿었다.

전도란 하늘이 인간을 통해서 하시는 역사이다. 한편 사랑방 전도에 힘을 기울였다. 사랑에 한두 사람 모아놓고 집중적으로 전도하였다. 거리 전도, 사랑방 전도, 여러 가지

방법으로 전도한 결과 차츰 신자가 한두 사람 늘어나기 시작하였다. 그런데 1886년 여름에 경향 각지에 콜레라가 퍼져 사람들이 떼죽음을 당하였다. 이때 알렌과 언더우드는 발 벗고 환자 치료에 나서 많은 사람을 돕고 치료하였다. 모든 사람들에게 감명을 주었다. 이런 가운데 신자들이 생기고 자진해서 전도에 나서는 사람도 있었다.

5. 고아들의 아버지

오직 성령이 너희에게 임하시면 너희가 권능을 받고 예루살렘과 온 유다와 사마리아와 땅 끝까지 이르러 내 증인이 되리라 하시니라 (행 1:8)

언더우드는 학생들에게 수업을 하랴 한국말 공부를 하랴 전도하랴 분주한 나날을 보내었다. 그러나 하는 일에 보람을 느껴 피로도 몰랐다. 언더우드가 활동을 하면서 가장 가슴 아프게 느낀 것은 거리를 떠돌아다니는 고아들의 앞길이었다. 그리하여 1886년 미국 선교부와 한국 정부의 허락을 받아 우선 자기 집에 고아원을 설립했다.

처음에는 10명이 모였는데 20명이 되고 30명으로 늘어갔다. 언더우드는 아이들에게 근로정신을 길러주고 개성에 따라 간단한 기술도 가르쳐 주었다. 그는 인자한 아버지처럼 고아들을 정성껏 돌보았다.

여기서 자라난 고아들 중에는 훌륭한 인물들도 배출되었

다. 애국 독립투사로 상해와 임시정부 부주석 김규식 같은 분도 배출되었다.

그런데 하루는 노방전도를 하고 언더우드가 집에 돌아와 보니 김규식이 보이지 않았다. 아무리 찾아보아도 원 내외에서 보이지 않았다. 김규식은 고아원을 빠져나가 서대문 밖에 있는 숙부의 집 대문을 두드렸다. 안에서 아무 소리도 들리지 않았다. 규식은 다시 세차게 대문을 두드렸다. "누구야?" 숙부의 목소리가 들렸다.

"작은아버지, 규식이에요. 저예요"

규식은 눈물로 불렀다. 혈육이라 반가웠다. 그러나

"뭐? 규식이라고? 너 이놈이 왜 왔어? 어서 가지 못해!"

이렇게 문전에서 쫓아낼 줄은 몰랐다. 김규식의 숙부가 그런데는 이유가 있었다. 규식의 아버지가 김옥균이 이끄는 개화당에 가입해서 집안이 역적으로 몰리게 되었던 것이다. 그래서 조카 규식이만 보아도 울화가 치밀어 올랐다. 규식이는 마지막으로 한 마디 애원을 하였다.

"작은아버지 저는 죽어도 고아원에는 안 갈래요. 무슨 일이든지 할게요. 집에만 있게 해주세요."

숙부는 규식이를 끌고 골방으로 들어가 가둬버렸다. 규식은 그제야 자기가 감금되었다는 사실을 알게 되었다. 그런데 무엇보다 더 괴로운 것은 배고픈 것이었다. 아무것도 먹지 않고 배가 고팠으나, 혈육의 그리움이 더 컸다. 규식이

골방에서 굶주려 떨고 있을 때 언더우드는 규식을 찾아 백방을 돌아다니다가 알렌을 만났다. 알렌에게 규식이 도망간 이야기를 하자 알렌은 규식이 삼촌 집을 찾아가 보라고 하였다. 광혜원 직원 중에 규식의 삼촌 집을 아는 사람이 있었다.

언더우드가 그 사람을 앞세우고 삼촌네 집을 찾아갔더니 삼촌은 먹지 못해 기진한 조카를 뒷담 쪽 숲 속에 내동댕이 친 후였다. 언더우드는 숲 속에 쓰려져 있는 규식이를 찾아냈다. 규식이는 반송장이 되었다. 언더우드가 업고 광혜원으로 돌아왔다. 그리하여 규식은 죽음을 면하게 되었다.

6. 신혼여행 겸 전도 여행

1887년 14명의 신도가 정동 13번지에 자리 잡은 언더우드의 사랑채에서 마침내 교회를 세우니 이것이 오늘 새문안교회 시초였다. 처음 모인 사람들은 주로 선교사들과 선교기관에 종사하고 있는 직원들이었다.

언더우드는 이 교회에 미국 장로교회 교직제도와 조직 구조를 적용했다. 오늘날 한국 기독교회 조직과 기틀이 미국 교회를 많이 닮은 것은 이 때문이었다. 새문안교회를 세운 언더우드는 전도에 더욱 박차를 가했다. 아직 드러내놓고 공중 집회를 할 수 없는 처지이므로 그는 나무 밑에나 시장과 약수터, 사람이 많이 모이는 곳에서 전도를 했다. 점점 효과를 거두었다.

 1889년 30대에 육박하는 총각 언더우드는 고아원 일, 교회 일, 광혜원 일, 노방 전도사, 사랑방 전도 바쁜 일정에 릴리스와 밀회도 변변히 갖지 못했으나 두 사람의 사랑은 익어갔다. 언더우드가 하루는 선배인 알렌을 찾아가서 의논을 했다. 알렌은 언더우드의 상대가 릴리스 양이라는 말을 듣고 무척 기쁜 표정을 지으면서도 놀라워했다.

 "하하, 그런 줄 감쪽같이 몰랐는데."

 이 문제는 두 분 당사자밖에 모르고 있었다. 하도 분주히 돌아다니는 바람에 주위 사람들도 미처 짐작을 못하였다.

 1889년 3월 언더우드는 릴리스 호오튼 양과 결혼했다. 식을 마친 그들은 신혼여행 겸 전도여행을 떠나기로 하고 준비를 서둘러 여장을 꾸렸다. 성경과 찬송가와 전도지와 식량과 취사도구 및 의료 기구와 약품 기타 등등 모든 것을 준비하고 막 떠나려고 하는데 알렌이 황급히 문안에 들어와서 출발을 취소하라는 것이다.

 이유를 물으니 그렇지 않아도 그 동안 언더우드의 선교활동을 못 마땅히 여기던 고종이 벌써 이번 여행의 목적을 알고 있다는 것이었다.

 "아니. 국왕이 내 신변을 몰래 감시라도 했다는 거요?"

 하고 언더우드는 물었다.

 "좌우간 취소하시오. 그렇지 않으면 그 동안 쌓아온 애쓴

업적이 무너진단 말이오!"
 알렌의 말이 일리가 있었다. 언더우드는 나 한 개인의 일이 아니라 수많은 양떼들이 따르고 있다. 나 홀몸이 아니라 나 혼자 순교하면 그만이지 할 때는 지났다. 국왕의 눈을 피해 교회를 세운 것만 해도 엄청난 모험인데 또 다시 국법을 어기고 전도 여행을 간다는 것은 위험천만한 일이었다.
 더구나 작년의 사건도 있고 또 다시 국왕의 비위를 거슬리는 것은 절대로 삼가야만 했다. 그리하여 궁여지책으로 생각해낸 것이 의료봉사대라는 명목으로 떠나기로 했다. 지방을 두루 돌아다니면서 의료봉사를 통해 행동으로 복음 운동을 하는 것이다.
 얼마 후 한 쌍의 부부를 태운 말 두 필이 문화관 밖 언덕길을 방울 소리를 울리면서 넘어가고 있었다. 앞으로 산적이 언제 닥칠지도 모르는 길, 호랑이가 나타난다는 험난한 살골길과 마을을 지나 신앙의 담력으로 무장한 언더우드는 연약한 아내를 데리고 행진하였다.
 서울을 떠나 맨 처음 여장을 푼 곳은 황해도 장연군 솔내 마을이었다. 이 마을에는 교회가 있었다. 초라한 3간 초가집이었고 신도도 몇 명 되지 않았으며 목회자도 정식으로 없고 솔내교회 신도들은 처음 만난 외국 선교사 내외를 부모라도 만난 듯이 반가이 맞아들였다. 저녁 식사를 마치고 여러 사람들 속에서 시간 가는 줄 모르고 이야기의 꽃을 피웠다. 피곤한 줄도 몰랐다.

　이튿날 아침 언더우드는 일찍이 일어나 기도를 하고 아침 식사를 마친 후 다시 모여든 신도들과 또 이야기판이 벌어졌다. 주로 성경 이야기를 중심해서 신앙에 관한 설교를 했다. 이야기가 한 대목 끝나자 한 사람이 언더우드에게 말했다.

　"나한테 세례를 주십시오."

　이것은 매우 난처한 청탁이었다. 고종에게 전도하지 않기로 약속하고 떠났는데 세례까지 주어 그 소문이 고종에게 들어간다면 발붙일 곳이 없게 되는 것이다.

　"오! 그건 안 됩니다. 이번 서울을 떠날 때 국왕에게 일체 선교 활동은 하지 않겠다고 약속했거든요."

　세례 받기를 갈망하던 교인들이 이 말을 듣고 크게 실망하였다.

　언더우드는 진퇴양난에 빠졌다. 교인들의 청을 받아들이자니 국왕의 불호령이 떨어질 것이고 국왕과의 약속을 지키자니 교인들의 불평이 대단하고……. 언더우드는 미국을 떠날 때 가족들과 최후의 고별인사까지 하고 온 사람이다. 한국 땅에서 복음을 전하다가 순교할 것을 각오했던 것이다.

　이런 언더우드가 국왕의 압력을 두려워한 것은 결코 아니었다. 그는 헤롯의 칼날이나 네로의 형벌이 두려운 것이 아니다. 사자의 밥이 되는 것이 겁났으면 험산 준령을 넘어 이곳까지 오지 않았을 것이다. 그러나 자기가 국왕과 약속한 것을 어기는 것은 스스로 무덤을 파는 격이다.

설교나 전도는 설사 국왕이 알아도 적당히 둘러댈 구실이 생기지만 세례는 변명할 여지가 없게 되는 것이다. 생각다 못해 궁여지책으로 세례 받기를 희망하는 사람은 만주로 데리고 가서 세례를 베풀기로 했다. 만주는 고종의 통치 영역을 벗어나므로 나중에 국왕에게 변명할 구실이 생긴다. 그리하여 그의 출한국기出韓國記가 시작되었다.

언더우드는 솔내교회에서 세례 받기를 원하는 사람을 데리고 북쪽을 향해 다시 여행길에 올랐다. 명실상부한 그러나 허울 좋은 의료 봉사단이 형성된 것이다. 언더우드는 이들과 행동을 같이 하면서 평양, 강계 등 압록강에 이르는 곳곳에서 환자가 있으면 무료로 치료하고 의약품을 나눠주었다.

의주에 가니 그곳에도 이미 교회가 생겨 신도들이 적지 않았다. 주로 만주에 있는 신자들에 의해 복음이 전해졌던 것이다. 그리하여 의주를 중심으로 부근 지역 일대에는 수백 명의 신자들이 퍼져 있었다. 언더우드가 솔내교회 신도들을 데리고 의주에 이르렀을 때 의주교회와 그 부근 일대에는 세례 받기를 원하는 사람들이 100여 명에 이르렀다.

언더우드 목사가 만주 땅 안동에서 세례를 베푼다는 소문을 들은 이 사람 저 사람을 통하여 한국 사람에게 널리 전파되었다. 그리하여 세례 받기를 원하는 신도 수는 수백 명이 되었다. 늦은 봄이라고는 하지만 만주 벌판에는 아직 추위가 가시지 않았다. 언더우드 일행은 솔내를 떠난 지 두 달째 그는 모여든 신도들을 한 사람 한 사람 면접하면서 문답하고 신앙 간증을 받은 결과 세례를 줄 만큼 믿음이 두터운 신도 33명을 골라 세례를 주었다. 탈락된 신도들은 수백 리 길을 고생하며 따라 왔는데 허탈감에 빠졌다. 언더우드는 이들에게 조용히 타일렀다.

"세례란 인간 언더우드가 베푸는 것이 아니라 하나님께서 나를 세워서 대신 베풀게 하신 것입니다. 여러분, 그러나 세례가 여러분을 구원하는 것은 아닙니다. 여러분이나 나를 구하는 것은 오직 여러분의 믿음에 달려 있습니다. 내일이라도 여러분의 굳건한 믿음 위에 서서 나를 부르면 나는 지체 없이 달려와서 세례를 베풀 것입니다."

언더우드의 말을 듣고 교인들의 불평은 많이 수그러졌으나 그래도 마음이 개운치 않은 사람들이 적지 않았다. 이들은 언제나 서양 선교사들에게 세례를 받을 것이 아니라 하루 속히 한국 목사에게 세례 받을 기회가 오기를 갈망하게 되었다.

언더우드는 1915년 서울 YMCA에서 학생들을 가르치기 시작하였는데 이것이 오늘날 연세대학의 요람이었다. 그는 이 학생들의 교육을 확충 발전시키기 위한 제반 시설과 교육 방침을 세우기 위해 애쓰던 중 1916년 11월 11일에 세상을 떠났다.

그는 한국 개신교와 교육의 개척자였다. 그의 아들 원한경 박사는 서울에서 태어나 한국의 교육과 종교사업을 위해 힘쓰다가 세상을 떠났으며 그의 손자 원일찬은 현재 연세대 교수로 재직하고 있고 원요한은 선교 사업에 힘쓰고 있다.

제3부

1. 성자가 된 깡패 - 최흥종 목사······/ 180
2. 한국의 프랜시스 -강순명 목사······/ 190
3. 조선의 성자 - 이세종 선생······/ 203
4. 지극히 작은 자의 친구 - 김현봉 목사······/ 211
5. 거리의 성녀 - 방애인 선생······/ 218

1
성자가 된 깡패 - 최흥종 목사

한 인간의 삶이 예수를 만나 변화된다면 어디까지일까?
여기 소개하는 이의 인생여정을 읽다 보면 요즘처럼 부패가 만연한 종교를 보면서 과연 성직이란 무엇인지 고개가 숙여질 때가 있다.

박해와 시련, 고난과 역경으로 점철된 한국교회 역사 백여 년! 이 고난의 역사가 위대한 신앙인들을 많이 배출했는데 전남 광주에서 최초 교인, 최초 장로, 최초 목사인 최흥종崔興琮도 그 중의 한 사람이다. 그는 실로 고난의 역사가 배출한 한 송이 꽃이라 해도 지나치지 않을 것이다.

시대의 예언자 함석헌 선생이 1962년 강연차 광주를 방문했을 때 나환자들과 더불어 살고 있는 무등산 그의 토굴까지 찾아가 형님이라 부르며 큰절을 올렸다 하니 과연 그는 고난의 늪에 핀 연꽃이라 해도 과언은 아닐 것이다. 실로 그는 주의 가르침을 실천코자 한 목숨 불태운 산 순교자였다.

그에게는 별칭이 많다. 한센환자들의 아버지 - 소록도의 대부 - 한국의 다미엔 - 오방- 성자의 지팡이 - 빈민운동의 아버지 - 구라운동의 대부 - 화광동진 - 우리 시대의 마지막 성자 - 등이다. 화광동진和光同塵이란 성자의 본색을 감추고 중생과 함께한다는 의미로, 함께 일하자는 백범의 권유를 사양하자 김구 선생이 써준 휘호다. 오방五放은 명예욕과 물욕, 성욕, 식욕, 종교적 독선까지 '다섯까지 집착으로부터 해방'을 뜻한다.

1880년 5월 4일 광주 불노동에서 7남매 중 둘째아들로 태어난 그는 젊은 시절 체격 좋은 건달 깡패였다. 화순 장날이면 사람들이 서낭당에 돌을 던지며 '오늘 장에 가서 최흥종을 만나지 않게 해 주시오'라고 빌 정도로 구한말 광주 화순에서 싸움꾼으로 유명했다.

싸움꾼이었던 그가 새사람이 된 것은 1904년 광주 양림동의 유진 벨(E. Bell. 미국 남장로교 소속) 선교사 집에 드나들다가 선교사들의 헌신적인 희생봉사에 감동을 받고 복음을 받아들여 광주의 첫 번째 교인이 되면서부터다. 이후 그는 술과 담배를 끊고 건달패 같은 생활도 완전히 청산했다. 교회 집사로 봉사하며 신실한 신앙인으로 살아갔다. 그의 나이 24세 때다

1905년에는 생업을 위해 순경이 되었는데 의협심이 강한 그는 의병을 살려 준 일로 일본 헌병대에 연행되어 하마터

면 죽을 뻔한 일도 있었다. 1907년엔 그마저 그만두었다. 애국지사 탄압을 보고 더 이상 마음이 허락지 않았던 것이다. 그리고 영광군 염산교회 전도사로 봉사했다.

그러던 1909년 4월 어느 날, 광주 양림동에 있던 선교부에서 어학교사로 일하며 선교사 웰슨 의사에게 한국말을 가르치고 있을 무렵, 포사이드 선교사를 만나면서 아름다운 경험을 하게 된다.

이 일을 계기로 그는 훗날 나환자들의 아버지가 되어 성자의 삶을 살게 된다. 광주선교부에서 목사이면서 의사로 일하던 오웬(C. C. Owen) 선교사가 열병과 폐렴으로 위독해지자 마침 목포에서 의사로 활동하고 있던 포사이드(W. H. Forsythe) 선교사를 급히 불렀다. 교통이 불편하던 때라 포사이드는 목포에서 배를 타고 영산강을 거슬러 나주로 올라왔는데 광주에서 최흥종이 영산포로 마중을 나갔다. 둘은 여기서 말을 타고 광주로 향하던 중 효천에서 길가에 쓰러져 신음하며 죽어가는 여자를 보고 급히 말에서 내려 일으켜보니 그 여자는 한센병(문둥병)환자였다.

사랑하는 친구 오웬 선교사의 생명이 위독하다는 전보를 받고 황급히 달려가는 중이었지만 죽어가는 나환자를 못 본 체하고 돌아설 수가 없었다. 당시 문둥병은 하늘이 내린 형벌이라 여기고 전염될까 두려워 환자가 가까이 오면 질색하며 돌을 던지고 혐오하던 시절이었다. 심지어는 문둥병자가 봄이 오면 보리밭에 숨어 있다가 어린이가 지나가면 잡아다 죽이고 간을 빼 먹는다는 흉흉한 소문도 있어 사람들이 짐승만도 못하게 여겼다. 그런데도 그는 환자를 말에 태우고 자신은 선한 사마리아인처럼 걸어서 광주까지 갔다. 그럭저럭 광주에 늦게 도착하니 구원을 기다리던 오웬 의사는 이미 숨을 거두고 말았다.

도착 즉시 그는 환자를 광주선교부 소속 제중병원에 입원시켰다. 그러나 다른 환자들의 반발이 심해 어쩔 수 없이 근처 벽돌 굽던 가마터로 옮겨갔다. 이때 악취가 진동하고 손발에서 고름이 나오는 여인을 두 손으로 안고 옮기다가 여인이 지팡이를 놓치자 포사이드는 옆에 있던 최흥종 집사에게 "여보시오, 미안하지만 저 지팡이를 좀 집어줄 수 있겠소?" 했다.

나환자의 진물이 묻어 얼룩진 지팡이였기에 최흥종 집사는 당황하여 한참 망설이다가 죽을 힘을 다하듯 용기를 내어 지팡이를 집어주었다. 순간 문드러진 나환자의 얼굴에서 작은 웃음꽃이 피어났다. 그러나 그는 이 일로 큰 충격을 받았다. 심리적 충격이었다. 그 즉시 집으로 가서 깊이 자기를 반성했다. "서양 선교사는 낯선 나라에 와서 문둥병자도 끌어안는데(아무리 문둥병자라지만) 나는 왜 내 동족의 지팡이도 제대로 잡지 못하는가?"하며 고뇌하다가 그러한 힘은 오직 '예수'를 믿는 믿음에서 나온다는 것을 깨닫고,

'진짜교인'이 되기로 결심했다. 작은 예수로 거듭나는 중생의 체험이었다. 문둥이가 된 것도 기가 막힌 일인데 가족으로부터도 버림받고 이웃들로부터 돌팔매질을 받아 가슴마저 찢겨나는 나환자들의 기막힌 설움이 바로 그의 설움이 되어 버린 것이다. 이후 그는 제중원(현 광주기독병원)에서 포사이드 선교사와 함께 나환자 돕는 일을 하게 된다.

포사이드 선교사가 광주에 부임해오자 나환자를 따뜻하게 도와준 사건이 널리 알려지면서 환자들이 몰려왔다. 양림동 병원에서 선교사가 문둥병자를 데려다 치료했다는 이 소문으로 인해 양림동은 밀려드는 환자들로 나환자 부락이 형성되었다. 선교사들은 급히 양림동에 세 칸짜리 초가집을 마련해 7명의 환자를 수용했다. 그런데도 계속 밀려드는 환자를 감당할 수 없자 이에 최흥종은 봉선리에 있는 자신의 땅 천 평을 기증하여 1909년 나환자 진료소를 설립하였다. 그리고 1912년에는 정식으로 요양원 건물을 지었는데, 이것이 한국 최초 한센병 전문병원인 '광주 나병원'의 시초이다.

포사이드는 빈민들이 있는 곳엔 어디나 찾아가서 전도하고, 집 없는 거지는 병원에 데리고 가 치료하고 의식衣食까지 정해주고, 목매여 끌려가는 개가 있으면 따라가서 돈을 치르고 놔 주었고, 닭이나 물고기조차 그렇게 했다. 사람들은 포사이드 선교사를 '작은 예수'라 불렀다. 최흥종도 포사이드의 이런 희생적 사랑에 감동되었기에 자기 토지 천 평도 그의 사업에 기증했고 자기도 일생 동안 나환자의 벗이 되어서 살았던 것이다.

같은 해 최흥종은 광주 북문안교회(현 광주제일교회) 초대 장로로 임직되었다. 그리고 1915년, 35세 되던 해 평양신학교에 입학하면서 북문밖교회(현 광주중앙교회) 전도사 일을 하였다. 그러나 포사이드와의 만남으로 변화된 최흥종은 무엇보다 광주나병원 일에 열심을 냄으로 그 일의 주역이 되기도 하였다.

동시에 그는 민족운동에도 열심이었다. 1919년엔 서울로 가서 김철과 함께 3.1운동을 주도하다 검거되어 대구에서 3년간 옥살이를 했다. 광주학생 만세사건 때는 6개월간 감옥에서 고생하기도 했다.

1920년 출옥 후에는 광주기독교청년회(YMCA)를 창설하고 후에 회장을 역임하기도 했다.

1921년 41세 때 평양신학교를 졸업하고 목사 안수를 받은 후 다음 해 북문밖교회 초대 당회장이 되었는데 여기서 목회할 때는 교인들로 하여금 겨울부터 봄 보릿고개까지 나환자들의 식사를 책임지게 했다. 이 헌신적 사랑 때문인지 나환자와 걸인들은 어디를 가나 최 목사만 보면 '아버지'라 불렀다.

장로교 총회에서 1923년 시베리아 교포들을 위한 선교사를 구할 때 그는 자진해서 목숨 걸고 갔다. 한국 독립군 7

백여 명이 러시아군에게 학살당할 때 당국에 찾아가 항의도 하고 인권운동에 앞장섰다. 1년 후 러시아 정부는 그를 추방해버렸다. 그 후 1927년에 다시 시베리아로 들어가다가 체포되어 스파이 취급을 받고 사형장까지 끌려갔으나 기지를 써서 기적적으로 살아났다.

그는 고향에 돌아와서 다시 구라사업에 열중했다. 최흥종 목사가 나환자를 업어서 광주 나병원에 입원시키면 함께 활동하던 쉐팅 선교사는 그들에게 옷을 갈아 입혀주고 먹을 것을 주었다.

한편 광주 나병원에 환자들이 넘치자 이웃 주민들의 항의로 나병원은 1926년 여수반도 끝자락 율촌으로 옮겨갔는데, 그것이 오늘의 '여수 애양원'이다. 1932년 최흥종은 윤치호, 김병로, 이인, 송진우, 조만식 등 유명 인사들과 함께 '조선나환자근절협회'를 창설하였다.

그리고 거리에서 유리걸식하다가 죽어가는 나환자들의 치료와 생계문제를 위한 대책을 세워달라고 조선총독부에 지원을 요청했는데 아무런 반응이 없자 그는 1939년 전국에서 모인 오백여 명의 나환자들과 함께 광주에서부터 11일을 걸어 총독부 안마당까지 쳐들어갔다. 만나줄 리 없는 총독을 부르며 7시간 연좌 농성 끝에 우가키 총독을 만나 마침내 결판을 내고 소록도 갱생원을 개설하겠다는 약속을 받아냈다. 이것이 바로 조선총독부를 향하여 벌였던 그 유명한 '나환자행진'이다.

그러나 노회로부터 그의 '걸인목회'를 비난하는 자들이 생겨나서 제도권 교회에서 추방을 당했다. 제도권 교회가 그의 헌신적 열정을 감당할 수 없었던 것이다. 그의 사위 강순명 목사나 감리교의 이용도 목사가 당한 배척과 유사하다.

1935년, 그의 나이 55세 때부터 최흥종의 삶은 '기행奇行'의 연속이었다. 친구인 세브란스병원 오긍선 박사를 찾아가 거세 수술을 받았으며, 또한 묵상 중에 자신이 십자가에 못 박히는 고통을 체험한 후에는 다음과 같은 〈사망통지서〉를 주위 사람들에게 발송했다.

"인간 최흥종은 이미 죽은 사람이니 차후에 거리에서 나를 만나거든 아는 체하지 말아 주시오."

그리고 가사家事로부터 방만放漫, 사회로부터 방일放逸, 경제로부터 방종放縱, 정치로부터 방기放棄, 종교로부터 방랑放浪한다는 뜻으로 '오방五放'을 자신의 호로 정하고 선언하였다.

사망신고서를 보낸 후 그는 무등산에 은거하면서 성경과 도덕경을 더 깊이 추구하면서 누더기를 걸치고 걸인처럼 살았다. 그러나 그의 삶은 하늘의 거룩한 불길 속으로 이어졌다. 모든 일상의 체면과 허위를 버리고 오직 그리스도를 닮아가는 성화의 삶을 살았다.

그는 당시로서는 드물게 광주 최초인 수피아여고 1회 졸업생인 딸도 권세가나 명망가, 부잣집에 시집보내지 않고 보통학교 출신에다 부모도 없고 가난뱅이인 청년을 택해 시집보냈다. 지금은 보잘것없으나 미래의 됨됨이를 예측하고 자기처럼 헌신적 사명에 불타게 될 청년을 택했으니 그가 바로 강순명 목사다. 이웃을 섬기라는 예수의 가르침에 미치지 않고는 할 수 없는 결단이다. 실제 강순명은 훗날 최흥종 목사의 기대에 어긋남 없는 삶을 살았다.

8.15해방과 함께 정부의 강요에 의해 전남건국위원장직을 맡았으나 14일 만에 사퇴했다. 한때는 전남 도지사 고문(자문위원)이 되기도 했다. 당시 그는 광주의 명사였다. 함께 정치를 하자는 백범 김구 선생의 부탁도 뿌리치고 어떤 명예나 권세보다 오로지 불쌍한 이웃들에게만 관심을 기울인 그는 〔한국나예방협회〕, 농민지도자 양성소인 〔삼애원〕, 음성 나환자를 위한 시설 〔호혜원〕, 결핵환자 수용을 위해 〔송정원〕, 등을 설립하여 걸인과 병자들을 위한 구제 사업에 앞장섰다. 말년에는 나환자촌에 들어가 토굴에서 함께 살기도 했다.

임종 전에는 광주 양림동 YMCA 근처에 겨우 사람 하나 누울 수 있는 성냥갑 같은 집을 짓고 살았다. 자리에서 일어나지 못하니 허공에 성경책을 매달아 놓고 누워서 읽었다고 한다. 그는 '이제 살만큼 살았다'며 1966년 2월 10일부터 단식에 들어가 95일 만에 86세를 일기로 생을 마감하였다. 광주사회장으로 치러진 장례식에는 광주 인근 걸인들과 무등산에서 온 결핵환자들, 여수와 나주에서 올라온 한센병 환자들 등 수많은 인파가 몰려들어 "아버지, 아버지" 하며 통곡하였다.

　이처럼 최흥종은 낮은 곳에서 빈민들과 함께 살면서 성자 다미엔 신부와 같이 거룩한 삶을 살다 간, 한국교회사에서 빼놓을 수없는 위대한 인물이었다. 실로 조선이 낳은 세계적인 성자라 아니할 수 없다. 지금도 소록도에는 '나환자들의 아버지'라는 제목과 함께 최흥종 목사를 설명하는 안내 간판이 서 있다.

2
한국의 프랜시스 -강순명 목사

최홍종 목사를 이야기할 때는 그의 사위 강순명 목사를 언급하지 않을 수 없다. 여고 출신 처녀는 대학 나온 청년에게 시집가던 시절임에도 불구하고, 광주 수피아여고 1회 졸업생인 딸을 일본유학 다녀온 청년을 거절하고 가진 것도, 배운 것도, 부모도 없는 건달 같은 청년을 골라 시집을 보냈으니 그가 바로 강순명이다. 최홍종 목사의 안목도 놀랍거니와 장인의 기대에 어긋나지 않는 삶을 실천한 강순명 목사도 평범함을 초월한 위대한 인물이다.

고달픈 민중들에게 줄 것이 없어 괴로워하는 목사, 철저히 가난하게 살면서도 예수의 사랑을 실천하기 위해 몸부림치는 목사, 주의 사랑에 감격하여 하늘을 우러러보며 남몰래 눈물 짓던 목사! 그가 바로 강순명 목사다. 그의 성경관은 후에 이현필 선생이나 조선대학을 설립한 박철웅 총장에게 영향을 주기도 했다.

강순명 목사는 마음이 착하고 자비한 분이었고 바로 살아

보려는 이상주의자였고 성자타입의 인물이었다. 그는 철저히 예수를 닮으려고 노력하신 분이었는데 길을 가다가 헐벗은 사람을 보면 입고 있던 자기 옷을 벗어 바꿔 입기도 했다.

또한 다리 밑에 있는 불쌍한 고아를 찾아가 안고 울며 "내 아들들아, 내가 너희와 함께 살아야겠는데 이러고 있구나 …"하며 하룻밤을 지내고 이튿날 아침에 자기 집에 돌아가면 아내는 구박을 하며 '고아의 몸에서 이가 옮았다'고 가까이 오지 못하게 하기도 했다. 여수 애양원에 가서는 나환자들을 가슴에 얼싸안고 위로해 주곤 했다.

어느 날 아내가 없는 사이에 거지 여자가 구걸을 왔다. 그래서 장롱을 뒤져 아내의 세루치마를 꺼내 주면서 빨리 가라고 했는데 공교롭게도 대문에서 아내와 맞닥뜨렸다. 거지를 붙잡고 사실을 안 성난 아내는 강 목사에게 싸움을 걸어 왔다. '집을 보라고 하니 도리어 남의 장롱을 뒤져 간직해 둔 세루치마까지 거지를 주는 법이 어디 있느냐?'고 따지자 강 목사는 이불을 뒤집어쓰고 죽은 듯 아무 대꾸를 하지 않았다. 후에 말하기를 "신학교 때문에 예수 바로 못 믿고 목사 때문에 예수 못 믿고 가정 때문에 예수 못 믿는다."고 말했다고 한다.

강순명!

그는 어려서부터 체력이 좋고 성격도 드센 아이였다. 그래서 부모는 그에게 순종하는 아이가 되라 해서 이름을 순명으로 지었다고 한다. 징용으로 조선 청년들을 끌고 가는 일본순사가 길에서 청년들을 구타하는 것을 보고 분개한 강순명이 박치기로 일본순사를 받아버렸다는 사실만 봐도 그 성격이 어느 정도인지 알 수가 있다. 그런 그가 예수를 주로 영접한 뒤 철저하게 말씀에 순종하는 사람이 되고 만 것이다.

1920년대 한국 교회의 가장 전위적인 전도단이었던 '독신전도단'을 창설한 강순명姜順明은 1898년 3월 24일 광주 방림동 가난한 농부의 둘째 아들로 출생했다. 모태신앙으로 출생한 그의 어린 시절 경험은 가난에서 출발했다. 아홉 살 때 부친이 별세한 후 어머니와 형(강태성, 후에 광주중앙교회 장로)과 함께 '살 길을 찾으러' 목포로 갔으나 고생만하고 다시 광주로 돌아왔다.

그는 남장로회 선교부에서 운영하는 숭일학교에 입학하여 1911년 보통과를 졸업했는데 그 해 '믿음 좋은' 어머니마저 별세하였다. 이때부터 긴 방황의 세월을 보냈다. 형이 차려준 이발소를 운영하였으나 돈 벌 생각은 별로 없었다. 주먹싸움도 종종 벌였는데 '박치기 명수'로 이름을 날린 것도 이

때 일이다.

그러다 1918년 10월, 광주 최초 교인으로 북문안교회(현 광주제일교회) 장로였던 최흥종의 딸(최숙이)과 결혼하면서 생활의 안정을 찾았다. 그때 장인은 평양신학교 재학중이었는데 1919년 삼일운동이 일어나자 광주 만세시위를 준비하였고, 직접 서울에 올라가 남대문 시위를 주도하다가 체포되어 1년 6개월 옥고를 치르고 내려왔다. 장인은 1921년 신학교를 졸업한 후 광주 북문안교회 초대 당회장 목사로 부임하여 이후 광주가 낳은 '성인'聖人 목회자로 이름을 남겼다. 강순명이 이런 장인에게 신앙적 지도를 받았음은 물론이다.

회심과 전도 소명

강순명은 1921년 3월 이발소를 처분하고 일본으로 건너가 도쿄 세이소쿠正則중학교에 입학하였다. 1923년 9월 유명한 도쿄 대지진이 일어났다. 지진으로 인한 두려움도 컸지만 지진 직후 조선인들을 닥치는 대로 학살하는 일본 자경단의 만행이 더욱 두려웠다. 그때 학살당한 조선인들이 5천 명이 넘었다. 그도 우에노공원으로 피신하였다가 절체절명의 위기 순간에 몰려 기도를 드리기 시작했다.

"하나님, 내게 사흘만 더 살게 해 주시기 바랍니다. 그렇게 해 주신다면 나의 모든 죄를 청산하고 죽겠습니다. 주 예수님, 사흘만! 사흘만!"

　살육의 광풍이 몰아치는 공원에서 강순명은 난생 처음 뜨겁고도 깊은 기도를 드렸다. 눈물을 흘리며 죄를 자백하는 기도가 터져 나왔다. 긴 기도 후 평안이 찾아왔다.

　"나의 일생은 온전히 주님을 위해 살리라."

　강순명이 중생을 체험하는 순간이었다. 강순명은 우에노 공원 회심 체험 1년 후인 1924년 7월 귀국했다. 그 무렵 YMCA 운동가 에비슨 선교사가 광주에 내려와 농촌사업에 착수하였는데 그는 에비슨의 서기가 되어 전라도 일대를 순회하며 농촌운동가로 활동하기 시작했다. 정열적으로 일에 매달렸다. 이때 비로소 그는 농촌 현실에 눈을 뜨게 되었다. 일제의 농지 수탈정책으로 농촌의 경제 위기는 심각한 수준이었다. 그런데 사업을 시작한 지 얼마 되지 않아 미국의 경제 불황으로 선교비가 줄어드는 바람에 농촌 사업을 중단해야 했다. 그러나 경제보다 더 심각한 것은 영혼의 구원 문제였다. 강순명의 기도 시간이 늘어났고 이 무렵부터 그의 기행(?)이 시작되었다.

　"강순명은 혼자 텅 빈 교회당에 들어가 밤을 새웠고 눈물의 열도熱禱로 제단을 적시기도 했다. 동시에 그는 거리에서 거지를 보면 몇 푼 되지 않는 돈이지만 털어주었고 헐벗은 이를 만나면 단벌옷을 아끼지 않았다. 고아를 보면 업어왔고 병자를 보면 목을 안고 간절히 기도해 주었다. 그는 가끔 길을 가다가 멈춰 서서 하늘을 우러러보고 눈물을 흘리며 한숨과 함께 '주님!'을 부르짖기도 하였다. 때로는 폐병환자를 찾아가 위로해 주며 외로운 그들과 함께 자리를 같이해 주기도 했다. 나환자를 만나면 손을 내밀어 잡아주고 등을 두들겨 주었다. 그는 마침내 뜻을 정하고 집을 나섰다."〈윤남하, 《믿음으로 살다 간 강순명 목사 소전》, 74-75쪽.〉

그는 유명하다는 명사들을 찾아 나섰다. 가르침을 얻기 위함이었다. 윤치호, 백낙준, 김활란, 노정일, 신흥우, 현동완, 김창제, 조만식 등 유명하다는 인사들은 모두 만났고 무교회주의자 김교신과 금강산 '은둔 수도자' 김성실도 만났다. 그런데 1928년 여름 금강산에 들어가 기도하던 중 전주 서문교회 배은희 목사를 만났다. 삼일운동 때 옥고를 치른 바 있는 배은희 목사 역시 농촌 현실 문제와 민족주의, 사회주의 사상 문제로 고민하다가 신경쇠약 증세를 보여 요양차 금강산에 들어와 강순명을 만났다.

기독교와 사회주의 사이에서 사상문제로 갈등하던 배목사가 금강산 연못에 몸을 던져 자살을 시도하자 강목사가 즉시 뛰어들어 목숨을 구했다. 이 일을 계기로 둘은 '마음을 터놓는' 사이가 되었다. 둘은 신앙으로 농촌을 살리기 위한 구체적인 방안을 찾았다. 그렇게 해서 나온 것이 〔독신전도단〕이다.

독신전도단 운동

금강산 기도를 마치고 돌아온 배은희 목사와 강순명은 동지들을 구했다. 우선 전주서문교회 장로들이 지지하고 나섰다. 이들은 1928년 7월 독신전도단 강령을 발표하며 단원을 모집하였다. 독신전도단은 누가복음 14장 26절 말씀과 마태복음 9장 12절 말씀을 근거로 삼았다. 복음 전도를 위해 철저히 자신을 바치는 헌신을 목적하였다.

강순명은 일본 유학 시절 알게 된 일본의 빈민 전도자 가가와賀川豊彦의 저서 《가난한 자의 눈물》, 《농민운동의 실제》, 《노동운동사》, 《한 알의 밀》 등을 읽으면서 터득한 기독교 사회주의(Christian Socialism) 정신을 농촌 현장에서 실천하려 노력하였다. 즉 초대교회와 같은 기독교 신앙 공동체를 농촌에서 구현하려 하였다. 그러기 위해서는 십자가 정신으로 자신(개인)을 희생하여 농촌(사회)을 살리는 일에 헌신할 전도자들이 필요했다.

독신전도단원은 적어도 3년간 가정생활(성생활 포함)을 피하고 독신으로 농촌에 들어가 주간과 야간에 부녀자들과 가난한 아이들을 가르치고, 주일이면 전도자로 설교하고, 마을 단위로 농촌 협동조합과 소비조합을 조직하여 농촌 경제를 구조적으로 개선하며, 기초 상비약을 준비하여 환자 치료까지 할 수 있어야 했다. 독신전도단에 지원한 남녀 청년 10여 명은 익산 옛뚝이부락에 있는 훈련원에 들어가 사관학교식으로 6개월 훈련을 받은 후 전북 익산, 전남 광산 등지로 파송받아 농촌 사업과 복음 전도에 헌신하였다. 강순명 자신도 제주도 모슬포교회로 가 독신전도단원으로 활동하였다.

독신전도단원들의 열심과 헌신의 결과는 여러 곳에서 나타났다. 이들은 보수도 받지 않고 어려운 농촌으로 들어가 몸을 사리지 않고 헌신했다. 그러나 전도단의 성공은 다른 곳에서 탄압과 시기를 불러왔다. 농촌운동이 민족운동으로 발전하는 것을 두려워한 일제 경찰당국이 노골적으로 독신전도단 활동을 방해하였고 독신전도단에 대한 교인과 지역주민들의 호평에 위기감을 느낀 기성 교회 목사들의 비난도 점증했다.

1931년 접어들어 독신전도단원들이 제일 많이 활동하고 있던 전북노회에서 독신전도단을 '이단'으로 정죄하려는 분위기가 일기 시작했다. 이런 상황에서 배은희 목사는 이단 시비의 원인이 되는 '독신'이라는 단어를 빼고 '복음전도단'이란 명칭으로 내용을 바꾸어 계속하려 하였으나 강순명은

'독신'을 고집하였다. 결국 둘은 갈라섰다. 그러나 복음전도단도, 독신전도단도 오래 가지 못했다.

독신전도단 해산과 함께 모슬포교회를 사임하고 다시 광주로 돌아온 강순명은 다시 에비슨과 함께 1932년 광주농업실수학교를 설립하고 농촌사업 지도자를 양성하는 일에 몰두했다. 훗날 '맨발의 성자'로 불리게 되는 동광원 창설자 이현필이 이때 실업학교 학생으로 들어왔다. 강순명은 이 무렵 오랜 독수도 끝에 성경 말씀에 통달하여 금욕과 청빈, 무욕의 도를 실천하고 있던 '도암의 성자' 이세종과 교류하기 시작하였고 역시 이세종과 같은 수준의 금욕적이고 청빈한 수도생활을 실천하고 있는 장인 최흥종 목사와 정신적으로 하나가 되었다. 이세종-최흥종-강순명-이현필로 이어지는 '호남 영맥靈脈'이 형성된 것이다.

사실 강순명은 도쿄에서 귀국한 1924년 이후 이미 '가난한 이들과 함께 하는 삶'을 실천해 청빈의 삶으로 일관했다. 처음부터 그에겐 집이 없었다. 보다 못해 형이 17평짜리 집을 한 채 지어주어 그의 가족 여섯 식구가 비로소 자기 집에 들어가 살게 되었다. 그런데 그 무렵 광주에 들어온 성결교회가 예배당 신축을 위해 이성봉 전도사를 데려다 부흥회를 하였는데 강순명이 그 부흥회에 참석했다가 그 집을 건축 헌금으로 바쳐 그의 가족은 다시 셋방으로 나앉게 되었다. 이런 식이었다. 그 무렵 광주에는 불신자들까지 "예수를 믿으려면 강순명처럼 믿어라."는 말이 돌았다.

　강순명은 처음엔 '평신도 전도인'으로 끝내려 하였지만 에비슨의 권고로 목회자가 되기로 하고 1934년 감리교 계통인 서울감리교신학교에 입학하였다. 이듬해 평양 장로회신학교로 옮기면서 그곳에서 1년밖에 공부하지 못했지만 진보적 신학자 정경옥 교수로부터 많은 감화를 받았다. 졸업반 때 평양 신학교는 신사참배 문제로 폐교되어 결국 그는 통신과로 한 학기 수업을 마친 후 졸업장을 받고 1938년 11월 전남노회에서 목사 안수를 받았다. 이후 남평교회, 전북 금암교회, 용강 온천교회 등지에서 목회했으나 시국 상황 때문에 한 곳에서 오래 머물지 못했다.

　1939년부터 1942년 사이 즉 일제 말에 그는 정진철(후에 목사), 여자 두 명을 대동하여 소위 '칼갈이대'를 조직해서 전국으로 전도여행을 다니며 집집마다 '면도칼 가시오.'라고 소리치고 다니며 칼을 갈아서 번 돈으로 구제사업을 했다. 거리 청소를 하고 남의 집 변소를 쳐주고 다녔다. 사람들은 이렇게 남보다 구별되게 사는 이들을 보고 이단이라 몰아세웠으나 그들은 기쁨이 충만했다. 1942년 11월 목사직을 사임한 후 서울로 올라와 신사참배를 거부하고 숨어 예배드리는 교인들의 신앙을 지도하면서 해방을 기다렸다.

연경원 설립

해방 직후 강순명 목사는 대대적인 구령운동이 일어날 것을 예감하고 전도자 양성에 착수했다. 북아현동(후에 원효로로 이전)에 적산 한 채를 얻어 '연경원研經院'이란 간판을 걸고 주로 북에서 피난 온 학생들을 합숙시키며 낮에는 노동하고 밤에는 성경을 가르쳤다. 일종의 신학교였다. 학교 운영은 독신전도단과 농업실수학교 방식으로 혹독했다. 처음 시작할 때는 20명이던 학생이 2년 만에 120명으로 늘었다. 그러다 보니 연경원 출신들의 목사안수 문제가 불거졌다. 결국 이 문제로 강순명 목사는 그때까지 소속해 있던 장로교 군산노회로부터 '사사로이 안수하여 교계의 질서를 파괴하는 행동을 하였다.'는 이유로 제명당하였다. 강순명 목사는 담담하게 군산노회의 결정을 받아들였다.

이후 강순명 목사는 동석기 목사의 권유를 받고 그리스도의 교회로 소속을 옮겨 원효로교회, 부산교회, 광주교회를 담임하였고 1952년 광주 천혜경로원을 설립하기도 했다. 말년에는 다시 서울로 올라와 1955년 신촌에서 제자들과 함께 남의 집 변소 치는 똥통 인부가 되어 집집으로 변소 치워주러 다니고 얼마씩 받은 돈으로 남을 구제했.

신촌 언덕에 토굴을 파고 '연경신도원研經神道院'을 만들고 기도생활을 하다가 건강이 악화되어 광주로 내려가 요양하던 중, 세상 떠날 때 머리 맡에서 우는 딸에게 '나를 위해 울지 말고 너를 위해 울라'고 타이르면서 별세하셨다. 1959년 3월 12일 밤 9시 40분. 그의 나이 62세. 봄이 막 나타나는 시절이었다.

평생 가난과 함께 하며 가난을 통해 그리스도 진리를 터득하고 실천했던 전도자, 그러했기에 소유와 명예, 교리나 신조, 제도와 교권으로부터 자유로웠던 '독신' 전도자였다.

주님을 향한 강순명의 기이한 행적과 열심!

그러나 조선의 기존 제도권 교단은 그를 도저히 수용할 수 없었다. 프랜시스 부친이 프랜시스의 기행을 용납하지 못하는 것처럼 말이다. 결국 장로교 군산노회는 그를 면직시키고 말았다. 이것은 지금도 종종 나타나는 우리들의 슬픈 자화상인지도 모른다.

그는 분명 한국의 프랜시스였다. 다른 점이 있다면 프랜시스와 달리 결혼을 해서 가정이 있다는 점이다. 그럼에도 불구하고 그는 '독신전도단'을 구성하여 가정을 등지고 전국을 순회하며 전도와 구휼에 힘썼으니 가족들의 고생을 어떻게 표현하랴. 그 고생은 주님만이 아실 일이다.

그의 첫 번째 부인 최숙이 사모는 그렇게 17년 동안 고생만 하다가 세상을 떠났다. 재혼을 했는데 강순명 목사의 스타일은 조금도 변함이 없었다. 그래서 그랬을까? 그는 죽으면서 부인에게 미안한 마음을 표했다.
 "아내 좋은 것을 이제 알았다. 그동안 고생을 너무 많이 시켜서 참으로 미안하오. 주님 감사합니다."

3
조선의 성자 - 이세종 선생

    이세종 선생은 평생을 예수로 만족하며 산 하나님의 사람이다. 성경을 바탕으로 〔금욕생활〕, 〔절대 청빈〕, 〔생명 경외〕를 실천한 신앙은 한국 기독교 수도원운동의 원류로서 그 의미가 크다. 예수를 만난 후 자신은 공空이 되길 바라며 〔이공〕으로 불러주길 바랐다. 주 앞에서 자신을 낮추는 겸손한 고백이리라.

    그는 순결을 강조하며 아내에게 남매처럼 지내자고 했다. 1961년 3월 1일자 제자인 이현필의 일기에 의하면 '주님과 똑같았던 이세종님'이라고 추모하였다. 소문을 듣고 찾아간 감리교신학대학 정경옥 교수는 〔월간 기독교사상〕지에 이 선생을 추모하며 '조선에 성인이 나왔다'고 소개하였다.

    이세종(李空)은 1880년 전라남도 화순군 도암면 중촌 등광리燈光里에서 출생하였다. 이 동네는 천태산 기슭에 있다. 현재 이 마을에는 등광교회(예장 대신측, '수레기 어머니'의 아들 이원희 장로, 현 담임 정칠용 목사 시무)가 있다. 이 근처에 있는 '천태수양원'은 이선생의 제자인 김광석과 이상복이 40년 넘게 기도하면서 지킨 곳으로 이세종이 복음의 진리를 터득한 산당山堂터다.

 이공의 어릴 때 이름은 '영찬'이었다. 어릴 적부터 성실하고 정직했으며 부지런하여 사람들로부터 칭찬을 많이 들었다. 조실부모하여 남의 머슴 노릇을 하면서도 혼자 노력하여 한글을 배웠다.

 세인으로부터 '도암의 성자'로 불리는 이세종은 본래 가난한 집에서 태어났다. 어릴 적부터 머리가 비상하고 영리했다고 한다. 집에서 부모에게 매 한번 맞지 않고 자라날 만큼 허물이 없었다. 남의 집 머슴을 살다가 결혼하고부터 악착같이 돈을 모아 십년 새 등광리에서 제일 부자가 되었다. 토지를 백 마지기 가까이 소유한 지주가 되었다.

 흉년이 들었던 어느 해, 먹을 것이 없어 전답을 파는 가난한 농부들의 논 오십 두락을 한꺼번에 사들이기도 했는데, 예수 믿고 나니 그것이 다 후회가 되어 자기가 손수 땀 흘려 번 재산만 남겨두고 그 밖의 재산은 처분했다. 그때 그 사람들이 토지를 헐값에 팔면서 얼마나 원통했겠느냐며 회개하는 마음이었다.

 부인 문순희(후대에 '한골 어머니'로 불림)는 14세 때 30

세였던 이세종과 결혼했으나 아이를 낳지 못하였다. 나이 40세가 되어서도 자식이 없으니까 무당을 데려다 굿을 하는데 무당이 자식을 얻고 싶으면 불당을 짓고 정성을 드려야 한다기에 명당자리를 찾아 여기저기 다니다가 바로 이 산당山堂터에 자리를 잡았다. 공은 무당이 시키는 대로 지하방까지 갖춘 2층짜리 산당을 짓고 몸을 씻기 위한 연못까지 팠다. 거기서 하루 열두 상 차리는 제사를 지내며 기도하던 중 우연히 성경을 얻어 읽다가 그것이 '생명의 말씀'인 것을 깨닫고 제구를 치우고는 말씀 공부에 들어갔다.

성경책은 산당을 지은 목수가 놓고 갔다는 설도 있고, 나주에서 이사 온 교인이 빌려주어 읽었다는 설도 있다. 40여 세에 복음의 진리를 터득하고 나서 그는 산당에서 본격적인 독수도獨修道에 들어갔다. 성경 외에 다른 책은 읽지 않았으며 깨달은 말씀은 그대로 실천을 했다. 성경 한 구절 읽고는 그대로 실천했다.

그는 독사도 죽이지 않았다. 자기 발밑에 깔린 개미의 죽음을 보고 울기도 했다. 산길을 걸어가면서 길에 뻗어 나온 칡넝쿨까지도 꼭 옮겨 놓고야 지나갔다. 고기는 물론 생선도 먹지 않았으며 빈대와 파리도 죽이지 않았다. 철저하게 자기를 부인하려는 뜻에서 이름을 '빌'공자를 붙여 '李空'으로 바꾸었다.

재산을 팔아 교회에 헌납하거나 가난한 사람들에게 나눠

주었으며, 자기에게 빚진 마을 사람들의 빚 문서를 불 질러 버리고 모조리 탕감해 주었다. 면面에서 이 소식을 듣고 그의 송덕비를 세워주니 그것을 땅에 파묻어 버렸다.

가을 추수를 해서 수입된 것으로 지출 항목을 만들 때에는 첫째로 복음 전도비, 둘째는 세금, 셋째는 남에게 갚을 것, 넷째는 구제비, 다섯째로 접대비(인사 차림)로 정했다. 성경을 유일한 행동지침으로 삼고 살아서 주변에서 그를 도인道人이라 불렀다. 광주에서 내려온 낙스(R. Knox 노라복) 목사에게 세례를 받았는데 이때 제자 이상복도 함께 세례를 받았다.

소수의 제자들에게 성서를 부지런히 교육하는데 전념을 다했다. 가끔 방산교회에 나갔는데 거기서 대를 이을 제자 이현필을 만났다.

그는 수도하던 화학산 산당을 '유산각'遊山閣이라 이름을 바꾸고, 밤이면 성경을 암송하고, 낮에는 인근 마을 청년들을 모아놓고 부지런히 성경을 가르쳤다. 이 가운데 이현필, 이상복, 박복만, 이대영, 광주 이일학교 출신으로 전도부인을 하던 오복희, 등광리로 시집와 살던 수레기 어머니(손임순) 등이 있었고 목회자로는 최홍종, 그의 사위 강순명, 백영흠, 이만식, 최원갑 등이 성경 연구를 하기 위해 모였다.

그의 성경공부는 영해靈解 방법이었고 한 구절 한 구절을 해석한 것이 아니라 담화식이었다. '파라, 파라, 깊이 파라'는 말로 그들을 격려하였다. 그는 성경을 가르치면서, '훗날 그런 말씀 어디서 받았느냐고 묻거든 나에게 들었다 하지 말고 천태산 바위틈에서 들었다 하시오'라고 하여 '이세종파'가 만들어지지 않도록 경계하였다. 이곳이 훗날 동광원 운동의 산실이라고 할 수 있다.

이세종은 복음의 진리를 깨달은 후, 등광리에서 제자들을 가르치다가 일제 말기 신사참배 문제가 심각해지자 화학산 한새골로 들어와 3년 동안 산막에서 살았다. 산으로 들어온 후 세수도 목욕도 하지 않았고, '벽곡'(먹지 않고도 살 수 있다는 도교 수양법)에 가까운 금식 수도생활을 했다. 좁은 토굴을 쌓고 살면서 쑥을 뜯어먹고 지냈다.

동물이나 초목이나 무엇이든지 아끼고 생명을 존중히 여겼다. 살생을 일절 금하여 파리, 이, 쥐, 독사 등 사람에게 해로운 동물조차도 죽이지 않고 피할 길을 주어 자기들의 보금자리로 가게 했다. 구약의 잠언에서 의인은 육축의 생명도 아끼는 것이란 말씀을 실천하기 위함이었다. 금수곤충뿐만 아니라 잡초하나 다치지 않게 했으며, 나뭇가지 하나라도 다니는 길에 방해된다고 함부로 베어 버리지 말고 잘 붙들어 매어 주는 것이 좋다고 가르쳤다.

이공은 생선도 먹지 않았고, 피는 곧 생명이라는 성경의 주장에 따라 고기도 먹지 않았다. 닭을 길러 계란을 교회에 연보하는 것은 좋으나, 닭이 남의 곡식을 헤쳐 먹고 낳은 계란을 연보해서는 안 된다고 가르쳤다. 남의 것을 도적질 해서 연보하지 말라고 엄히 가르쳤다.

늘 이공을 따라 다니면서 이런 생활을 지켜본 그의 제자는 말하기를 '이공께서는 언제나 말보다 행위로 가르치셨습니다. 오늘날 어디 가나 가짜가 많은 세상에서 이공 어른만이 순금인純金人이었습니다'고 했다. 깊은 산 속까지 따라온 이현필, 이상복, 박복만, 오복희, 수레기 어머니 등 제자들에게 성경을 가르쳤다.

14세에 시집온 부인 문순희는 성격이 불같았으며 외향적이었다.

남편이 득도한 후 집안 살림을 돌보지 않는 것은 그래도 참을 수 있었으나, 순결을 지킨답시고 자신을 '아내가 아닌 누이'로 부르며 합방을 거부하는 것만은 견딜 수 없었다. 결국 그녀는 가출해서 다른 남자와 살림을 차렸는데 그때마다 아내의 세간을 옮겨다주고 그 후에도 계속 옛 아내가 사는 집에 심방 가서 전도하며 살림을 돌보기도 했다. 이런 일이 두 번이나 있었다. 그 때문에 남편은 '호세아'가 되었으며 자신은 '고멜'이 되었다.

그러나 말년에 이르러 문순희는 회개하고 첫 남편 곁으로 돌아와 남편의 마지막 3년 산중 생활을 수발했다. 남편이 죽은 후 그녀는 주위 사람들에게 '우리 남편은 참으로 성인이다'고 말했다고 한다. 그녀는 남편 무덤 곁에서 3년 상을 한 후 등광리 집에서 혼자 살다가 병들어 눕게 되었다. 그녀도 마지막 생애는 남편 따라 안빈낙도의 생활을 하였다.

밤에 잠잘 때는 자기 같은 죄인이 어찌 하늘을 마주 보고 눕겠느냐면서 옆으로 누워 새우잠을 잤다고 한다. 다른 신자들이 도우려 하면 절대 사양했다. 속죄의 생활을 실천한 것이다. 죽음이 가까워온 것을 알고 나서 병문안하러 온 도장리 정월순(2000년 현재 79세)에게 부탁하여 능주 도장리의 집으로 옮겨져 요양하다가 보름 만에 77세의 일기로 별세하셨다(1971년).

이세종과 이현필의 아내를 모시며 병시중을 든 정월순과 정월례(75세) 자매는 이세종과 이현필을 만난 적은 없었지만 건너 마을 동두산교회의 송동근으로부터 이세종의 이야기를 듣고는 '이공님의 예수'를 믿기 시작하였다. 이들 자매는 제자의 도리로 두 '어머니' 병시중을 들었다. 동광원에서 연락을 받고 달려온 정인세 선생이 문순희의 임종을 지켜보았다.

별세하기 전 간호하는 이에게 성경을 읽어달라고 부탁했는데 특히 그녀가 좋아하던 말씀은 "잉태치 못하며 생산치 못한 너는 노래할지어다. 구로치 못한 너는 외쳐 노래할지어다. 홀로 된 여인의 자식이 남편 있는 자의 자식보다 많음이니라"(사 54:1)과, "보라 날이 이르면 사람이 말하기를 수태 못하는 이와 해산치 못한 배와 먹이지 못한 젖이 복이 있다 하리라"(눅 23:29)이었다고 한다.

 이공은 별세하기 전 3년 동안 마지막 혼을 기울여 제자들을 가르친 후 죽기 사흘 전, 제자들을 시켜 나뭇가지로 발을 엮어 자신의 상여를 직접 만들게 했다. '좋은 옷 입혀 땅에 썩히면 죄가 되오. 나의 떨어진 헌 옷을 벗기고 새 옷을 입히는 자는 화를 받소'라고 명했다. 1942년 음력 2월 추운 날에 제자들은 그의 지시대로 산막 옆에 무덤을 만들어 '헌 옷'을 그대로 입혀 평토장으로 장사를 치렀다. 그의 시신은 화학산華鶴山 '한세골'에 묻혀 있다.

4
지극히 작은 자의 친구 - 김현봉 목사

멋진 교회 대신 가난한 교인 집 마련

- 중목사 김현봉(1884~1965) -

한국 교회가 물질로 인하여 세상으로부터 멸시의 대상이 된 요즈음, 불과 50년 전 개신교에도 이런 목사가 있다고 소개하면 믿는 이가 과연 몇이나 될까. 평생 예수의 청빈과 순결로 목회하신 분이 있으니 바로 김현봉 목사다.

평양신학교를 졸업하고 한때 서울 아현동에서 기성교회 목회를 했으나 교회 장로들 때문에 사임하고 나와 마포구 아현동 굴레방다리 근처에 7명 교인과 함께 교회를 개척하였으니 아현교회의 시작이다.

닭장을 개조하여 집을 만들어 예배를 드렸으며 계속 가난한 자들과 함께 검소하게 살았다. 별세할 때 1,000명의 교인이 있었지만 그의 생활은 거지에 가까운 검소한 생활을 하였다

서울 마포구 아현2동 354-21에 소재했던 아현교회는

1960년대 초까지만 해도 영락교회와 함께 서울에서 가장 신자가 많았다. 하지만 아현교회는 멋진 예배당도 교육관도 목사관도 없었다. 날로 늘어나는 신자들이 예배당에 들어오지 못하면 예배당 밖으로 지붕만 얹고 의자를 놓아 예배를 보게 했다. 그렇게 늘리고 늘린 교회는 마치 기운 누더기 같아 그 주변 200여 채의 판잣집과 별반 다르지 않았다.

아현교회의 그런 모습은 가난 때문이 아니었다. 아현교회는 그 일대 판자촌의 상당수를 소유할 만큼 재정적으로 풍족했다. 그런데도 교회는 건물을 짓는 데는 아무런 관심이 없었다. 대신 판잣집을 사들여 집 없는 교인들에게 나누어 살게 했고, 먹고살 길이 없는 교인들에겐 뒷돈을 대줘서 소금이나 고무신, 생선 장사를 해서 먹고살게 했다. 그런 교회를 만든 이는 김현봉(1884~1965) 목사였다. 작은 키, 땅땅한 몸매에 눈매가 매서웠던 그는 언제나 머리를 삭발하고 있었기에 '중목사'로 불렸다. 대부분의 작은 예수들이 그러하듯 그도 기인奇人에 가까운 사람을 살았다.

그런 김 목사를 따르던 사람들은 신촌 창광교회와 염천교회·신촌교회 등을 세워 그 뜻을 잇고 있다. 김 목사가 별세할 때까지 10여 년 동안 전도사로 보좌했던 이경자(78) 전도사는 지금도 창광교회를 다닌다. 나이를 가늠키 어려울 만큼 젊은 이 전도사는 김 목사에 대해 "얼굴에서 언제나 사랑이 지글지글 끓었던 '사랑의 사도'였다"고 전했다. 그 분이 성자가 아니면 누가 성자냐고 반문한다.

김 목사의 사랑은 하나님으로부터 왔다. 김 목사만큼 하나님과 단둘이 만나는 기도의 시간을 많이 가진 사람도 찾아보기 어려웠다. 그는 오후 6시만 되면 잠자리에 들어 새벽 1시에 일어나 묵상을 했고 새벽 3시에 아침식사를 했다. 통행금지 해제 사이렌이 울리면 곧바로 연세대 뒷산에 돌로 만들어놓은 기도실로 올라갔다.

그는 그렇게 아침 해를 바라보며 점심 무렵까지 깊은 황홀경에 잠겨 있었다. 김 목사의 기도의 삶을 따라 그대로 실천해온 창광교회 이병규(83) 목사는 김 목사가 "세상을 보지 않고 하나님의 뜻에 의해서만 살았다"고 회고했다.

연세대 뒷산에서 묵상하는 그의 모습은 마치 신선처럼 보였다. 나중엔 이 모습을 본 아현교회 수많은 신자들까지 김 목사를 따라 나무 하나씩을 정해 그 밑에서 정좌한 채 명상에 잠겨 연세대 뒷산 일대는 아침 묵상객들로 장관을 이루곤 했다고 한다.

김 목사는 교회에서도 소리 내어 기도하지 못하게 했다. 그는 동네에서 방앗간 하나 놓으려고 해도 동민들의 허락을 받기 전에는 못 놓는 법이라고 했다. 기독교인들이 이성을 잃고 다른 사람들이야 어떻든 상관없이 부흥회라고 떠들고 소란스럽게 해 이웃 주민들의 감정을 상하게 하는 것은 하나님도 용납할 수 없다고 했다. 찬송은 하나님과 연락해서 영혼으로 부르는 것이지 자기 육체가 흥분하자는 게 아니라는 것이었다.

허세 용납 않은 '사랑의 사도'

- 교회 지하방 살며 '1식 3찬' -

김 목사는 산에서 내려오면 곧바로 교인들에게 심방을 갔다. 방에 들어가지 않고 밖에서 안부를 여쭙는 문전 심방이었다. 대신 살림이 어려운 교인들 집에선 방에 들어가 연탄불을 지피고 있는지 바닥을 만져보고 쌀독을 들여다본 뒤 도움을 주었다. 그는 늘 안주머니에 돈을 가득 담아 갖고 다니면서 즉각 필요한 사람에게 나눠주었다. 그러나 정작 자신에겐 돈을 쓰지 않았다. 평생 교회 지하의 방 한 칸에서 지낸 그는 고기도 먹지 않았고, 세 가지 이상의 반찬을 놓지 못하게 했다. 옷도 두루마기만 입고, 고무신만 신었기에 달리 돈 들 일이 없었다.

김 목사가 기독교인이 된 것은 22살 때였다. 그는 양정의숙 법과를 졸업한 뒤 교사 생활을 하면서 일제하 조선의 학생들에게 애국심을 고취시키다가 중국으로 떠나 간도와 러시아 등에서 11년간 망명생활을 했다.

1923년 귀국하자마자 체포돼 투옥됐던 그는 석방된 뒤 평양신학교에서 신학을 공부했고, 44세 때 16세 연하의 세브란스 간호사를 만났다. 얼굴이 얽었던 그의 아내는 병으로 이미 자궁을 적출해 아이를 가질 수도 없었으나 그는 그런 아내를 택해 결혼했다.

그의 결혼관은 좀 특이해서 조건은 두 가지였다고 한다. 신부가 간호사여야 한다는 것과 얼굴이 못생겨서 아직까지 결혼을 못하고 있는 여자여야 한다는 것이다. 하나님을 위해 헌신하겠다는 신념의 소유자가 아니면 가질 수 없는 기인奇人의 인생관이라고 하겠다.

그가 아현교회를 개척한 것은 48세 때인 32년이었다. 아현교회에선 허세는 통하지 않았다. 교회도 그렇거니와 신자들의 사치도 허용되지 않았다. 남자들은 대부분 삭발했고, 여자들은 파마도 하지 못하게 했다. 결혼식도 20명 이상 참석하지 못하게 했다. 신자가 세상을 떠나면 24시간이 지난 뒤 김 목사가 예배를 올린 다음 손수 시신을 손수레로 끌고 가 화장을 했고, 아이가 죽어도 김 목사가 직접 지게에 지고 가 산에 묻었다.

그는 서대문 근처 빈민굴에서 화재를 당한 사람들을 모아 한 사람에게 10평씩의 땅을 떼어주어 살게 했다. 그곳에 사는 사람들은 김 목사의 가르침에 따라 모두 자립심을 길러 나가지 않을 수 없었다. 그곳에 기거하게 하면서도 그는 몇 가지 조건을 달았다.

1. 생활이 펴질 때까지 이곳에 살 것.
2. 돈 만원을 주면 고운소금 장수를 부지런히 할 것.

3. 언제나 주일은 꼭 지킬 것.
4. 수입의 십일조는 꼭 바칠 것.
6. 구제품 우유 통에 꼭 성미를 바칠 것.

이래서 서울시내 고운 소금 장수들은 대부분이 아현교회 신자들이었다. 이렇게 40여 집이 살았다. 그는 그들과 더불어 검박한 삶속에서 살다가 1965년 숨을 거두었다. 그가 숨을 거두자 교인들은 그의 뜻에 따라 시신을 손수레에 싣고 가 화장했다.

그러나 울지 말라는 그의 뜻을 지키는 교인은 없었다. 1,200여 명의 교인들은 손수레를 따르며 통곡했다. 말만이 아니라 삶으로 보이는 목회자를 이제 어디서 다시 찾겠느냐는 눈물이었다.

그의 정신적 추종자들은 김 목사 사망 후 여러 교회를 세웠다. 아현교회 1,200여 명의 교인 중 반수 이상 되는 680명을 데리고 창광교회를 세운 이병규 목사가 있고, 150여 명을 데리고 신촌교회를 세운 안병모 목사가 있으며, 150여 명을 데리고 염천교회를 세운 이한영 목사도 있으나 본 교회에 그대로 남은 교인들도 있다.

이 네 곳 중에 가장 양적으로 발전한 곳은 창광교회로 교인 2천여 명이 넘는다. 김 목사의 영향을 받은 이들 중에 숫자상으로 세계 제일의 유년 주일학교를 지도하는 이는 부산의 총공회파 교주인 백영희 목사가 있다(그는 정신병자가 휘두른 칼에 맞아 새벽예배를 인도하다가 1990년에 순교를 했다). 그리고 외국에는 안길옹 목사(알래스카에서 개척교회)가 있다. 안길옹 목사(2001년 현재, 85세)는 노인아파트에 살면서 아파트 공터에 창고 같은 건물을 지어두고 매일 새벽부터 정오까지 머물면서 기도하며 성경을 깊이 묵상하는 생활을 지금도 계속하고 있다. 그의 아들인 안정남 목사(나성 성약교회)도 김현봉 목사의 정신을 이어가고 있다. (한겨레신문 조현 기자의 글을 많이 참조했습니다)

5
거리의 성녀 - 방애인 선생

어느 날 길가에서 사람들이 정신병자인 한 노파를 에워싼 채 놀리고 있었다. 놀림을 받는 노파는 슬퍼하며 울부짖고 있었다. 이때 어여쁜 한 처녀가 눈물을 글썽인 채 그 노파의 곁으로 다가섰다. 그리고 노파의 두 손을 꼭 잡아주었다. 노파를 희롱하는 데 정신이 팔려 있던 구경꾼들도 처녀가 마치 어머니인 듯 노파의 손을 잡고 데려가는 모습을 보곤 감격의 눈물에 젖었다. 노파 앞에 나타난 천사는 방애인(1909~33)이었다.

1920년대 중반에 접어들면서 한국교회 내에는 '신앙생활의 사회화와 실제화'를 부르짖는 목소리가 커지기 시작했다. 여기에는 크게 두 가지 요인이 작용하였다.

하나는 자신의 죄만 통회하고 자신만 성결케 하기 위하여 인간사회와 단절하고 안주하던 기존의 신앙적 자세에 대한 반성이며, 다른 하나는 사회주의 도전과 일제의 침탈로 인한 사회경제적 황폐화 현상으로 인한 위기 및 문제의식의 대두이다. 이들로 인해 당시 사회에는 교회에 대한 불신풍조가 팽배해 있었다.

우리는 '거리의 성자'로 불렸던 방애인(1909-1933) 선생의 사역에서 신앙생활의 실제화의 한 모델을 발견할 수 있다. 그녀의 삶과 사역이 얼마나 감동적이었는가 하는 것은 당시 제도권 교회에 식상함을 느끼고 무교회주의를 지향했던 김교신까지도 '성서조선'에 친히 그녀를 소개하며 극찬할 정도였다.

거리의 성자 방애인

예수의 얼을 가지고 예수의 형상을 닮아 예수님처럼 거룩한 삶을 살아간 사람을 말하라면 프랑스의 슈바이처 박사와 일본의 가가와 도요히꼬賀川豊彦를 말할 수 있다. 우리 한국에도 그런 사람이 있는데 그가 곧 방애인이다.

그는 지금까지도 한민족의 역사 인물로서 또는 한국교회사 속에 거의 알려지지 않은 숨은 사람이다. 방애인이 역사의 무대에 알려진 것은 일제시대 배은희 목사가 쓴 〈조선성자 방애인 소전〉이란 책을 통해서였다.

예수 그리스도를 영혼에 잉태하고 순결과 사랑 그리고 기도로 불꽃같은 삶을 살다 간 방애인. 그는 한국교회의 성녀이자 우리 민족 종교 안의 동정녀 전통을 기독교 토양에서 일궈낸 개척자였다. 수도원적 영성으로 짧은 삶을 살다 간 방애인은 한국 종교 속의 동정녀 전통을 개신교 안에서 담아낸 첫 시도였다.

　신교육을 받은 미모의 신세대 여성이 온갖 유혹을 물리치며 결혼도 포기한 채 순결을 지키며 천하고 가난한 민중 곁에서 불꽃같은 짧은 생애를 살다 간 방애인! 그녀가 성자가 아니면 누가 이 땅의 성자가 될 수 있으랴.

　우리는 서구의 위인만 존경하는 경향이 있다. 우리 주위에도 위인들이 있건만 무심하게 그랬다. 왜 존경할 대상을 서양에서만 찾는가. 방애인을 알고 나면 저절로 머리가 숙여지고 반성하게 될 것이다.

때 묻지 않은 신여성, 실력 있는 교사로 '조선의 성자'란 칭호를 받았던 방애인.

　그는 1909년 9월 26일 초기 한국교회의 모판 역할을 했던 황해도 황주군 황주읍 벽성리에서 방중일 씨의 맏딸로 태어났다. 아버지 방중일은 그 지방에서 이름난 재력가였으며, 그의 할아버지 방흥복은 자선가로 널리 알려져 있었고, 어머니 김중선은 날마다 새벽기도를 드릴 정도로 믿음이 좋았다. 어머니의 품은 곧 방애인의 신학교였다. 그는 어머니 품에 안겨 세례를 받았고, 경건한 환경 속에서 당시의 일반 조선 여성보다는 좋은 조건 속에서 자라났다.

　방애인은 일곱 살 되던 해 황주읍 교회에서 세운 양성학교에 들어가서 신교육을 받기 시작하였다. 1921년 3월 양성학교를 우등으로 졸업한 그는 더 큰 배움을 위해 평양의 숭의여자고등보통학교로 전학을 하였다. 이곳에서도 방애인은 언제든지 최우등이었다.

아름다운 품행으로 선생님들과 동급생들의 끝없는 칭찬과 사랑을 독차지하였다. 그러나 그는 이 학교를 졸업하지 못하였다. 학생들이 숭의학교의 총독부 지정학교 승격과 기숙사 제도에 대한 불만으로 데모를 하여 동맹휴학에 들어가자 학교를 옮기게 된 것이다.

그는 1923년 개성의 감리교 소속인 호수돈 여자고등보통학교로 옮겨 1926년에 최우등생으로 졸업하였다. 호수돈여고를 졸업한 그는 당시 신여성의 꿈인 이화여자전문학교에 들어가기를 뜨겁게 바랐다. 그러나 부모의 완강한 반대로 진학의 꿈을 포기하고 1926년 4월 1일 전주 기전여학교 교사로 부임을 하였다. 이렇게 해서 방애인과 전주 기전여학교 사이에 만남이 이루어진 것이다.

기전여학교는 호남지역의 선교를 맡은 미국 남장로교 선교사들이 신흥학교와 더불어 전주에 세운 학교였다. 선교와 교육에 헌신했던 선교사 전킨을 기념하는 뜻을 담고 있는 기전紀쥰여학교는 당시 선구자적인 정신으로 근대적인 지식과 더불어 하나님의 사랑을 가르치는 대표적인 학교였다.

눈과 같이 깨끗하여라!

　기전여학교에서의 3년 동안의 처음 교사 생활은 때 묻지 않은 신여성의 모습 그대로였다. 신교육을 받은 신세대 여성으로서 그는 학교 안의 최고로 세련되고 실력 있는 교사로서 순수한 열정을 갖고 학생들을 가르쳤다. 그러나 거기에서 그는 무언가 영적인 갈증을 느끼기 시작하였다.

　부족한 것 없는 삶 속에서 신앙생활에 대한 회의와 영적 무력감에 빠져 결국 기전여학교를 떠나고 말았다. 그는 친구에게 자기는 언제나 주님이 지신 십자가를 맛보려고 심히 갈급하였다고 고백하고는 전주를 떠났다.

　그는 고향으로 돌아가 모교인 황주 양성학교 교사로 일하면서 신앙생활의 결정적인 전기를 맞이하게 되었다. 어릴 때부터 갖고 있던 형식적이고 습관적인 신앙생활의 틀을 벗어나 참된 믿음과 영적 확신에 대한 체험을 갈구하였다. 성경을 깊이 묵상하며 부흥회에 참석하기도 하였다. 그러던 어느 날 그는 하나님의 음성을 듣고 거듭나는 체험을 하게 되었다. 그의 일기 속에 이런 사실이 잘 나타나 있다.

　1930년 1월 10일
　"나는 처음으로 하나님의 음성을 듣다. '눈과 같이 깨끗하여라' 아아! 참 나의 기쁜 거룩한 생일이다."

1930년 1월 11일

"나는 어디로부터인지 손뼉 치는 소리의 세 번 부르는 음향을 듣고 혼자 신성회(새벽기도회)에 가다. 아아! 기쁨에 넘치는 걸음이다."

"눈과 같이 깨끗하여라"

이 영음을 들은 방애인은 순결한 처녀로서의 새로운 삶을 서원하고 전혀 새로운 삶을 시작하게 되었다. 눈과 같이 희고 거룩한 삶! 그것은 그에게 있어서 모든 인간적인 욕망과 자기중심적 의지를 버리고 온전히 하나님께 자신을 드리는 십자가를 지고 가는 삶이었다.

그는 다시 전주 기전여학교의 부름을 받아 1931년 9월 전주로 내려갔다. 그러나 그때의 방애인은 2년 전 전주를 떠날 때의 방애인이 아니었다. 부잣집 딸의 옷차림은 찾아볼 수 없었다. 검소한 단벌 차림이었고 값진 주단이나 세루 치마니 하는 옷감은 자취를 감추었다.

하나님의 음성을 듣고 변화 받은 방애인은 1932년 기전여학교를 졸업한 학생들을 중심으로 신성회를 조직하여 신앙공동체 운동을 시작하였다. 신성회는 마음과 뜻과 정성을 다하여 하나님을 사랑하는 이들의 공동체로 하나님을 진실로 사랑하기에 이웃을 내 몸같이 사랑하고 나의 가정, 우리 민족 모두가 하늘나라 백성이 되게 하는 것이 그 목적이었다. 그들은 세상 속에서 거룩한 삶을 살아가기 위해서 10가지 계율을 만들어 놓고 하루하루를 반성하며 살아갔다.

나의 기도를 들으시는 주시여!

방애인은 기도의 사람이었다. 그는 어려운 일을 만나거나 어떤 일을 계획할 때면 제일 먼저 기도하였다. 몸도 약했고 틈도 없었으면서도 쉬지 않고 기도했고 때론 밤새워 기도하였다. 자기 일만 위해 기도하지 않고 부모와 제자 그리고 민족을 위해 뜨겁게 기도하였다. 방애인은 일을 시작하기 전에 기도하였고 기도로 일을 진행하였으며 기도로 일을 끝내고 마는 기도밖에 모르는 사람이었다. 그에게 있어서 기도는 방법이고 예수가 해답이었다.

방애인에게 빼놓을 수 없는 기도는 아버지의 구원에 관한 것이었다. 그는 세상을 떠나기까지 아버지의 구원을 위해 날마다 기도하였다. 그때 아버지는 다른 여인과 살림을 차리고 있었기 때문이다. 예수님의 40일 금식기도를 본받아 날마다 아침을 금식하며 아버지의 구원을 위해 하나님께 간절히 기도하였다.

그의 간절한 기도에 하나님은 언제나 놀라운 응답을 주셨다. 방애인의 아버지는 본래 살림이 넉넉했고 사교에도 능한 사람이어서 사귀는 친구들도 많았다. 그러던 가운데 신문사 지국을 경영하는 사람의 보증을 서 주었는데 그 사람이 사업에 실패하여 그때 돈으로 2천 2백 원의 빚을 책임지게 되었다. 벗어날 수 없는 빚을 물게 되면 가정은 파산하고 말 것이다.

이때 방애인은 오직 하나님밖에는 문제를 해결해 줄 수 있는 이가 없음을 알고 고모와 약속하고 밤낮으로 쉬지 않고 기도하였다. 깜짝 놀라는 일이 생겼다. 세 차례 재판을 거쳐 2천 2백 원을 단돈 220원으로 탕감 받았다.

언젠가는 사촌 언니가 먼 길을 다녀오는데 늦게까지 돌아오지 않았다. 그래서 큰 어머니와 함께 기도를 드렸다. 과연 밤늦게 사촌 언니가 무사히 돌아왔다. 사촌 언니는 돌아오는 길에 도둑 같은 사람을 만나 크게 욕을 당할 뻔했으나 이상하게도 무사히 빠져나왔다고 한다. 그 시간을 물으니 큰 어머니와 함께 기도하던 시간과 같았다.

교회를 위해 봉사하는 교회의 사람

방애인은 철저한 교회의 사람이었다. 그의 봉사는 교회를 중심하여 이어져 나갔다. 그 당시 전주에는 4개의 교회가 있었으나 기전여학교에서 가까운 곳에는 두 교회가 있었다. 하나는 전주의 모교회인 서문밖교회요, 다른 하나는 막둥이

교회인 완산동교회였다. 서문밖교회는 큰 교회가 되어 활발히 움직이고 있으나 완산동 교회는 조그마한 교회당에서 겨우 명맥을 이어가는 형편이었다.

이때 방애인은 기숙사 학생들을 데리고 주일 낮 예배는 완산동교회에서, 주일 밤 예배와 수요 기도회는 서문밖교회에서 드렸다. 많지도 않은 봉급에서 완산동교회와 서문밖교회에 십일조를 드렸다.

서문밖교회에서는 중산리라는 곳에 확장 주일학교를 세우면서 방애인에게 그 책임도 맡겼다. 전주에서 꽤 먼 거리였는데도 그는 3년을 하루같이 정성을 쏟아 봉사한 결과 그곳에 많은 신자들이 생겼다. 그래서 오전 주일학교를 마치면 계속해서 여자들을 모아놓고 기도회를 인도하고, 그곳 병자들을 위문도 하고 전도도 하느라고 밥 한번 제 때에 먹어본 일이 없었다.

가는 곳마다 복음의 사도되어

방애인은 오후 수업을 마친 뒤 빈민들이 모여 살고 있는 다가천변으로 갔다. 냇가의 양지바른 곳에 옹기종기 모여 옷조차 변변히 입지 못한 어린이들을 불러 모았다. 아이들이 모이면 찬송과 기도를 가르치면서 성경말씀을 이야기한 뒤 그들에게 싸 가지고 온 누룽지를 나눠주었다. 이들은 방애인을 하늘에서 내려온 천사처럼 대했다.

방애인은 학생들이나 선생들이 입지 않는 떨어진 헌 옷을 걷어 이것을 깨끗이 빨아 말려서 밤을 새워 가면서 누더기를 깁고 기운 옷가지를 들고 다니면서 한 가지씩 나눠주면서 "예수 믿으세요. 예수 믿으면 소망이 넘치고 웃음이 깃드는 삶을 살 수 있습니다." 하고 전도하였다.

부부 사이에 큰소리 내고 다투는 곳이 있으면 그냥 지나가지 않고 눈물로서 붙들고 말씀으로 권면하면서 "예수 믿으세요. 예수 믿으면 화목한 가정이 됩니다." 하고 전도하기를 잊지 않았다. 방애인의 가슴 속에는 영혼구원의 불이 활활 타오르고 있었다. 시간은 모자라고 몸은 하나이니 그는 울부짖으며 영혼구원을 위해 하나님께 매어 달렸다.

선생님, 선생님, 우리 선생님!

방애인은 자기 자식을 사랑하듯 학생들을 사랑으로 가르쳤다. 교사라기보다는 차라리 학생들의 어머니였다. 학생이 병이 났을 때에는 밤을 새워 기도해 주었고, 슬픔과 괴로움이 있을 때면 은밀한 방에 데리고 가서 기도해 주고 위로와 격려해 주고, 벌 받을 짓을 한 학생을 발견하면 고요한 곳으로 데리고 가서 눈물로 권면하면서 기도해 주고, 부모를 그리워하는 학생을 보면 옛날 위인들의 전기를 이야기해 주면서 위로하고 새 용기를 주면서 기도하였다.

등록금을 내지 못해서 학교에서 쫓겨난 학생이 있으면 그

부모를 찾아가서 좋은 말로 위로하고, 가정 사정이 어려운 학생은 자기의 박봉을 떼어 도와주었다. 졸업생들의 이름을 적어놓고 기도해 주었고, 졸업 후 갈 길이 막힌 학생은 스스로 상담하고 지도해 주었다.

"선생님, 선생님, 우리 선생님!" 하며 따르던 학생들은 부모의 사랑이 없이는 살아도 방애인 선생님의 사랑 없이는 살 수 없다고 말하기도 하였다. 학생 가운데 실력이 모자라는 저능아가 있으면 따로 가르쳐 주고, 그 학부모 집에 찾아가 복습에 주의할 점을 일러주어 낙제생이 생기지 않게 하였다.

거리의 성자되어

방애인은 학교 교사 안에만 머문 선생이 아니었다. 그는 거리로 나가 거리에서 만나는 가난하고 병든 자들의 친구가 되어 주었다. 그는 말로만 복음과 사랑을 전하는 사람이 아니었다. 길거리에 내버려진 고아나 걸인들을 데려다가 씻기고 먹여주며 돌봐주는 거리의 성자였다.

때로는 그가 근무하는 기전여학교에 흉측하게 생긴 나환자들이 몰려들었다. 방애인을 찾는 무리들이었다. 24세의 아름다운 처녀 방애인은 나병을 더럽다 하지 않고 그들의 썩어가는 피부를 어루만지며 더운 눈물로 기도하였다.

"주여! 이들의 죄를 용서하시고 주님의 능력과 사랑이 내 손을 통하여 나타나 이 괴로운 병에서 구원하여 주소서. 주여! 자비와 긍휼을 아끼지 마소서"

이 간절한 기도는 그들의 마음에 그리스도의 씨를 깊이깊이 심었다. 그들의 손등에 떨어지는 눈물방울은 그들의 썩어가는 살을 소생케 하였다. 그들은 때때로 학교를 찾아와 성자의 눈물을 구한다고 하였다. 그는 말 그대로 거리의 성자였다. 거리가 그의 목장이었고 그의 강단이었다.

전주 서문밖교회 전도실 한 구석에는 교회에서 설립한 고아원이 있었다. 1927년 전주 YWCA 이효덕 회장이 배은희 목사를 비롯한 교인들의 도움을 얻어 세웠는데 3년이 넘도록 교회 안에서 빈약한 형편에 머물고 있었다. 방애인은 이 고아원을 제대로 운영하도록 하기 위해 앞장섰다.

특히 서문밖교회 배은희 목사와 동료 홍석호 선생, 김선례 선생이 함께 발 벗고 나섰다. 방애인은 전북지역 교회를 순회하며 모금하기 시작했고 자신의 월급을 아껴 고아원 설립기금을 만들었다.

나중에는 전주시내 8천호 가구를 방문하며 일반 사회에서도 도움을 얻어 서문밖교회 근처에 있던 기생 놀이집으로 쓰던 독립가옥을 얻어 1931년 성탄절에 고아원 설립예배를 드렸다. 방학인데도 그는 고향에 돌아가지 않고 거리의 고

아들을 모아 들이는데 열심이었다.

주 여자 기독청년회(1929)

전주 서문밖교회 배은희 목사가 사택에서 주무시는데 밤 11시경 밖에는 눈보라가 치고 거센 바람 소리가 귀를 에는 추운 밤에 밖에서 "사모님, 사모님!" 하고 부르는 소리가 들렸다. 누가 이 추운 밤중에 왔을까 하고 문을 열고 나가 보니 방애인이 온 몸에 눈을 뒤집어 쓴 채 떨고 서 있었다. 자세히 보니 등에 고아를 업고 있었다.

방애인은 그 밤으로 머리를 깎아 주고 목욕을 시키고 새 옷을 입혀 고아원에 업어다 두고 갔다. 그 후에도 고아를 만나면 몸소 업고 왔다. 고아들의 수가 늘어나면 한 달에 몇 번씩 공중목욕탕에 데리고 갔다.

어린 아이는 업고, 좀 큰 아이는 앞세우고 목욕탕에 데리고 가서 때를 씻어 주었다. 고아들의 어머니 같았다. 방애인이 고아를 업고 가는 모습은 그 후 그림으로 그려져 보는 사람들을 감동시켰다. 그의 모교인 개성 호수돈 여학교는 교실마다 그 그림을 걸어놓았다고 한다. 그 걸어가는 모습은 실로 그리스도가 세상 죄를 지고 가시는 모습과 같았다.

학교와 교회 그리고 고아원으로 이어지는 삶의 현장 속에서 자신을 돌보지 않는 희생적 사랑을 실천하는 방애인의 모습은 점차 성녀의 모습으로 전주 시민들의 눈에 비치기 시작하였다. 방애인은 신여성이요, 처녀 교사이면서도 두벌 옷이 없었다.

방애인이 세상을 떠난 뒤 배은희 목사가 황주에 있는 방양의 부모님 댁을 방문했을 때 그의 어머니는 눈물을 흘리며

"목사님, 보십시오. 딸이 옷이 하도 없어서 할머니가 입으시던 털로 안을 바친 갓옷저고리 한 개와 햇솜을 넣은 바지 한 개를 보내 주었더니 한 번도 입어 보지도 않고 다 남에게 주어 버렸어요. 죽은 후 옷이라고 찾아보니 다 떨어져 입지 못할 것 몇 개밖에는 없었어요."하며 흐느껴 울었다.

아아! 어머니, 어머니!

방애인은 1933년 여름방학을 고향에서 보낸 뒤 몸이 좋지 않은 상태로 학교에 내려왔다. 그러나 그는 개학식에 참석한 뒤 병(장티푸스)이 악화되어 병원에 입원하였다. 그 다음날 어머니가 황주에서 전주까지 내려왔다. 병상 곁에 서서 "애인아, 내가 왔다."고 하자 그는 손을 내밀어 어머니의 손을 어루만지면서 "어머님 오셨어요?" 하고 간신히 한 마디 할 뿐이었다.

열이 40도까지 올랐다. 내리지 않았다. 9월 16일, 그녀가 20개월 동안 눈물로 기도했던 아버지도 방애인이 회복

될 희망이 없다는 전보를 받고 고향을 떠나 전주에 도착했다. 아버지는 병원 문을 들어서며 "아아! 애인아, 이게 웬일이냐. 애인아, 내가 왔다."하면서 딸의 손을 잡자 그는 희미하게 눈을 뜨며 "아아!"라는 두어 마디만 남기고 24세의 젊은 나이로 조용히 숨을 거두었다.

방애인은 흰 눈같이 깨끗한 처녀로 성녀다운 사랑과 자기 희생의 짧은 일생을 이렇게 마쳤다. 고요히 티끌 같은 세상을 순결한 처녀로 떠나고 말았다.

성녀 방애인이 죽었다는 소문은 삽시간에 온 전주 바닥에 알려졌다. 그의 인격을 존경하고 그의 사랑을 받고 그를 아는 모든 사람들이 슬퍼하였다. 교회에서, 학교에서, 그리고 고아들이 슬피 우는 모습은 보는 이로 하여금 창자를 에이는 듯하였다. 어떤 사람들은 영문도 모르고 따라 울 정도였다.

방애인의 장례식은 전주 시민 전체의 애도 속에 기전여학교 운동장에서 엄수되었다. 하얀 소복을 입은 수십 명의 여자들이 상여를 메고 묘지를 향하는데 동료 교사들, 학생들, 평소에 그가 돌보던 고아들이 함께 메고 가는 길은 모두 눈물이 앞을 가려 나가지를 못하였다.

고아들은 "어머니! 어머니!" 하며 발을 동동 구르고, 기전여학교 학생들은 "선생님! 선생님!" 하며 목을 놓아 통곡하였다. 참으로 눈물바다를 이루었다.

걸인, 정신병자, 나환자, 고아 등을 대상으로 사회 구제 사업에 헌신적으로 봉사하던 방애인 선생은 1933년 9월 16일, 24세로 별세하여 전주 화산 공동묘지에 안장되었다. 그녀는 교회를 향한 불신의 악취를 풍기던 사회 속에, 결코 사라지지 않는 예수의 향기를 진하게 뿌려 놓고 민중들의 곁을 떠났다.

방애인의 짧은 생애를 살펴보면 세상 사람들에게 가장 사랑을 받고 있는 성녀 소화 테레사(St. Teresa of Lisieux)를 생각하게 된다. 소화 테레사가 세상을 떠날 때의 나이도 24세였다.

부 록
지효봉 목사님의 간증입니다

1. 평생 잊을 수 없는 신비의 사건······/ 236
2. 대전 형제 쌍 장례식 이야기······/ 243
3. 부산 당감동(화장장) 이야기······/ 247
4. 교회 못 가게 아내 머리까지 자른 남편이 장로가 되다······/ 252

1
평생 잊을 수 없는 신비의 사건

   1948년 7월 어느 무더운 여름날이었다. 연백지방 정덕교회 담임자로 시무할 당시 한 소식이 전해 왔다. 수레포 김속장이 병이 위독한 상태라고 속히 전도사님 오셔서 임종예배를 드리자는 전갈이었다.
   나는 급히 준비하고 장로님, 권사님, 집사님, 한 6,7명을 모시고 내려가서 임종 예배를 드렸다. 김속장은 그때 30대 젊은 청년이었고 집에서는 농사를 짓고 지서의 순경으로 일하는 공무원이었다.
   병명은 폐결핵이었다. 그 당시 폐결핵에 걸린 사람은 페니실린이나 마이신도 없는 시대라 처방 약이 없었다. 그냥 죽는 날만 바라보고 기다리고 지키다가 죽어가고 있었다. 가서 보니 피골이 상접하고 눈과 뼈만 남았다. 심방 갔던 우리 일행은 육신은 잠시 왔다 가지만 우리의 심령은 영원한 존재로서 눈물도 고통도 괴롬도 죽음도 없는 영원한 천국에 가서 하늘나라에 안식하며 우리를 기다리다가 다시 만나게 된다는 말로 위로하고 각기 집으로 돌아갔다.

다음날 연락이 왔다. 김속장이 새벽에 세상을 떠났다는 전갈이었다. 나는 수의와 관을 준비하라고 하고 소독약과 약솜과 휴지와 유지를 준비하라고 지시하고 하오 9시에 입관 예배를 드리도록 교회 모든 임직원들에게 연락하였다.

밤 9시 여러 사람들이 상가에 모여서 소독약으로 시체를 깨끗이 닦아내고 준비한 수의를 입혔다. 그리고 시체는 유지를 깔고 관에 안치시켰다. 관 뚜껑을 열어놓고 유족들과 교우들이 둘러 모여서 입관예배를 드렸다.

다음 장례 예배는 이틀 후 오전 9시로 정하였다. 모든 교우들은 흩어져 귀가하였다. 이틀 후 교우들에게 빠짐없이 연락해서 모이도록 담당 속장들에게 부탁을 하였다. 아침 9시 많은 친척과 주민과 교우들과 지서 여러분들이 모였다.

아침 9시 정각 발인 예배는 많은 사람들이 모인 가운데 엄숙하게 진행되었다. 모든 유가족들, 친척과 친지 교우들은 30대 청년의 죽음을 슬퍼하였다. 한번 왔다 가는 인생이지만 인간의 이상과 꿈도 이루어 보지 못하고 청년의 나이로 떠나는 것을 모든 사람들이 아쉬워하였다. 그러나 장례 주례를 집행하는 나로서는 용기와 힘이 났다. 그 이유는 기독교 신앙이 주는 교훈과 믿음이었다

(요 11:25-26) 예수게서 가라사대 나는 부활이요 생명이니 나를 믿는 자는 죽어도 살겠고 살아서 나를 믿는 자는

영원히 죽지 아니하리니 이것을 네가 믿느냐?
예수님 당시 세 사람이나 죽은 자를 살리셨다.
① 그 중 한 사람은 죽어 무덤에 장사한 지 4일 되었다. 무덤의 문을 열게 하고 나사로를 무덤에서 살려내었다.(요 11:39-44)
② 한 사람은(누가 18:40-56) 야이로 회당장의 12세에 딸을 죽음에서 살아나게 하였다.
③ 또 하나는 (누가 7:11-17) 나인성 과부의 독자가 장지로 애통하며 가는 상여를 멈추게 하고 살려 끌어내었다.
④ 예수 그리스도는 부활의 첫 열매가 되었다. 누구든지 예수 그리스도를 믿고 영접하는 자마다 구원이 약속되었다.

인류 6천 년 역사 속에 수많은 사람들이 왔다 무덤을 남기고 갔다. 무병장수로 죽음을 피하거나 해결해 보려고 수많은 종교와 의학과 과학과 철학과 유전공학이 애쓰고 연구하고 노력해 왔으나 죽음의 비극은 막을 길이 없었다.

다만 부활의 종교, 기독교 복음 외에는 다른 방법이 없다 (마가 16:15-16) 또 가라사대 너희는 온 천하에 다니며 만민에게 복음을 전파하라. 믿고 세례를 받는 사람은 구원을 얻을 것이요 믿지 않는 사람은 정죄를 받으리라

힘차게 신앙의 위로의 말씀과 다음 천국에서 기쁨으로 다

시 만날 기약의 약속으로 유가족을 위로하였다. 장례식에 모인 모든 사람들은 숙연해지고 눈물을 닦았다.

우리 인생의 마지막 종착역은 지위 고하를 막론하고 땅속 무덤이다. 인간의 육체는 흙에서 왔다가 흙으로 돌아가는 것이다. 그러나 우리의 심령은 하나님 나라에서 왔다가 다시 육체의 장막이 무너지면 본향인 하나님 나라로 돌아가게 되는 것이다(예수 믿고 회개한 심령은)

그러나 하나님의 법(양심)을 떠나 범죄한 심령은 심판을 받아 지옥의 심판을 받게 된다. 이것은 하나님의 약속이고 공약인 것이다.

장례 예배를 모두 마치고 장지로 떠나가기 전 잠시 말씀할 기회를 얻어 나온 상가의 대표가 나와서 바쁜 농번기에 많이 와주셔서 감사하다는 인사의 말씀과 그 동네에서 같이 살고 있는 무당이 환상을 본 이야기를 말씀하였다. 환상의 내용은 다음과 같다.

며칠 전 밤중에 잠이 들었는데 공중에서 고요하게 이상한 노래 소리가 들려왔다고 하였다. 이상해서 하늘을 바라보니 검은 구름다리가 세상을 떠난 김속장 지붕에 머물고 있었다고 하였다.

이상해서 자세히 바라보고 있을 때 무서운 악마의 사자가 검은 복장을 하고 둘이 임종이 가까운 김속장의 집으로 들어가서 살펴보니 우리가 잘못 들어왔으니 건너 집으로 가자고 검은 구름다리를 옮겨 바로 옆에 사는 무당의 집을 넘어 중병으로 임종이 가까운 20세 가량 되는 처녀의 집으로 옮겨 검은 악마의 사자가 들어가더라는 것이다.

그리고 계속해서 하늘에서 고요하게 음악 소리와 같이 칠색 찬란한 무지개 같은 다리가 내려와서 김속장 지붕에 머물렀고 거기에 흰 옷을 입은 빛나는 천사 둘이 내려와서 김속장 집에 들어가서 저를 위로하고 영접해서 하늘로 인도해서 올라가는 환상을 보았다.

환상에서 깨고 보니 자정, 밤중 두 집 모두가 통곡하고 있었다. 이튿날 무당이 알아보니 김속장은 예수를 잘 믿는 청년이었고 무당 옆집에 사는 20세 가량의 처녀는 예수를 믿지 않는 사람이었다. 무당의 환상 증언이야말로 큰 전도와 위로가 되었다. 우리는 살아생전에 기회 있을 때 예수를 믿고 준비하는 생활을 하여야 하겠다.

우리는 모두 장지로 향하였다. 그리고 유다서에 기록한 9절에 천사장 미가엘이 모세의 시체에 대하여 다투어 변론하였다는 말이 생각이 났다.

또한 계시록 14장 1절 '또 내가 보니 어린양이 시온산에 섰고 그와 함께 144,000명이 섰는데 그 이마에 어린양의 이름과 그 아버지의 이름을 쓴 것이 있도다.'

그런 고로 사람이 죽을 때는 하늘에서 보낸 천사와 지옥에서 보낸 악마의 사자가 오는 것이다. 성령의 인침을 받은 하나님의 자녀는 천사가 인도해서 천국으로 가게 되었고 악마의 인침을 받은(666의 표) 사람은 뜨거운 지옥불에 던짐을 받는다.

누가 16장 19-31 '한 부자와 거지 나사로의' 천국과 지옥의 비유가 기록되어 있다. 신앙생활이 헛되고 밑지고 바보 같으나 진정한 인간의 안식과 생활의 이정표가 되는 것이다.

우리 일행은 여러 가지 생각을 하며 장지에 도착하였다. 모두 관 주위에 둘러서서 하관 예배를 엄수하고 무덤에 하관하고 유가족의 애도 속에 매장하였다.

그리고 모였던 모든 조객들은 점심을 먹은 후 각기 해산하였다. 그 후 오랫동안 무당이 보았다는 환상의 이야기가 그 동네는 물론이고 우리 교회와 주변에 소문이 파다하였다. 이 소문이 한동안 전도의 힘이 되었다.

또 성경에 보면(계 20:11-15). 다음과 같이 기록하였다. 또 내가 크고 흰 보좌와 그 위에 앉으신 자를 보니 땅과 하늘이 그 앞에서 피하여 간 데가 없더라. 또 내가 보니 죽은 자들이 무론 대소하고 그 보좌 앞에 섰는데 책들이 펴있고 또 다른 책이 펴졌으니 곧 생명책이라. 죽은 자들이 자기 행위를 따라 책들의 기록된 대로 심판을 받으니 바다가 그 가운데서 죽은 자들을 내어주고 또 사망과 음부도 그 가운데서 죽은 자들을 내어주매 각 사람이 자기의 행위대로 심판을 받고 사망과 음부로 불 못에 던지우니 이것은 둘째 사망 곧 불 못이라. 누구든지 생명책에 기록되지 못한 자는 불 못에 던지우더라.

 인간이 죽음에 대한 문제와 생활에 대한 의미를 모르고 산다면 헛된 세상을 소비하는 생활을 하다가 아무 보람도 없이 무덤으로 가게 되는 것이다.

2
대전 형제 쌍 장례식 이야기

　나는 6.25 직후 대전에서 목회할 때 생긴 일생 동안 잊히지 않는 사건을 쓰려고 한다.
　본교인 중에 시어머니와 두 자부와 어린아이들이 교회 나오는 가정이 있었다. 영감님과 남편은 교회 나오지 않는 가정이었다. 그런데 두 형제는 먼 곳에 가서 어물을 화물차로 운반해서 대전 시장에 넘겨주는 어물 중간상인이었다. 강릉과 부산을 화물차를 가지고 부지런히 뛰며 장사를 하였다.
　그리하여 수복 후에도 생활에는 어려움이 없이 살았다. 집에 있는 날 가서 전도를 하면 형제가 같은 말로 돈 좀 모아 가지고 생활이 안정되면 어머니와 처와 아이들을 따라 교회 나간다고 이야기를 하였다. 신앙이 없는 세상 모든 사람들은 무슨 핑계든 대며 다음에는 꼭 나가겠다고 똑같은 대답을 한다.
　인간의 생명이란 아침에 잠깐 있다가 사라지는 안개와 같다고 하였다. 기회는 오늘 지금 살아있는 동안이 아니면 내일은 이미 늦다.

어느 날 두 형제는 대형 트럭에(마대 속에 돈 뭉치를 넣어 가지고) 화폐개혁하기 전 강릉으로 어물을 사서 장사하기 위하여 겨울 길을 떠났다. 가는 도중 많은 눈이 내렸다. 원래 강원도는 눈이 많이 내리고 열두 굽이 높이 올라가는 대관령이 있었다. 겨울에는 항상 많은 눈이 쌓여 있는 험준한 빙산이었다. 체인을 감고 눈보라 속에 대관령을 넘다가 미끄러져서 천길 만길 동해안 바다로 굴러 떨어졌다.

며칠 후 경찰 수색으로 화물차와 두 형제 시체와 두 부대에 넣은 돈 자루도 발견하였다. 이야기를 들은즉 동해 바다까지 수색하여 발견하였다고 하였다. 얼마나 놀라운 대참사였던지 모든 신문이 대서특필로 보도했다.

교회는 물론 대전시 모두가 놀라고 슬퍼하였다. 나는 교회에 광고하고 상갓집과 상의하고 장례절차를 준비하였다. 시신이 도착한 다음날 입관 준비를 하고 밤 9시 상가에 모여서 입관식 예배를 드렸다. 죽음 앞에 약한 인간들은 모두 숙연해지고 젊은 형제의 죽음을 슬퍼하였다.

몹시 추운 대한 때였다. 이틀 후 아침 9시 장례일을 광고하고 모두 집으로 귀가하였다.

장례 발인 예배시간이 다가왔다. 나는 아침 8시에 상가에 도착하였다. 골목에 들어서니 상가에서 50m 가량 나온 도로 광장에 이미 두 개 쌍 상여가 나란히 준비되어 있었다 (그때만 하여도 수복 직후로 영구차가 없었다.)

먼저 공간이 좁은 가정에서 관을 넓은 거리로 운구한 후 쌍 상여 앞에 관을 안치하고 모든 조객들은 상여에 둘러서게 하였다.

몹시 추운 날씨지만 많은 사람들이 운집하였다. 물론 신문에도 보도가 되었지만 젊은 나이(40대 초반)에 간 청춘을 애도하는 친구들과 가족, 친척 교우들과 쌍 상여를 구경하기 위하여 모인 사람들로 광장과 거리는 꽉 찼다.

나는 목멘 목소리로 장례발인 예배를 진행하였다. 주위에서 울고 계신 부모님과 울다 지쳐 실신하여 몸을 가누지 못하고 친척의 부축을 받고 있는 젊은 여인, 철모르고 뛰어다니는 5남매를 볼 때 나도 모르게 목이 메고 눈물이 앞을 가렸다.

주례자가 이래선 안 되겠다고 마음을 먹고 결심을 하여도 목이 메고 눈물이 앞을 가려 진행을 중단하였다. 이렇게 되고 보니 장내에는 눈물바다가 되었다. 얼마 후 마음을 가다듬고 예식을 진행했다. 슬픔과 애도 속에 예식은 모두 끝났다.

장지는 대전 시내에서 약 6km 가량 떨어진 곳이었다. 많은 구경꾼들은 떨어지고 친척과 유가족과 교우들이 상여 뒤를 따랐다. 노부모님과 어린 자식은 집에 머물게 하고 몸을 가누지 못하는 미망인들은 건장한 친척들이 양손을 붙들고 장지로 향하는 발걸음은 무겁고도 애처로웠다. 두 시간 가량 지난 후 일행은 장지에 도착하였다.

몹시 추운 때라 잠시 쉬게 한 후 관을 운구해서 무덤 옆에 안치하고 마지막 하관 예배를 드리기 위하여 유가족과 친척과 교우들을 관과 무덤 주위에 둘러서게 하였다. 그리고 두 미망인은 관 맨 앞에 부축하고 서게 하였다. 그리고 하관 예배를 시작하였다.

① 가장 슬픈 사실은 한참 젊은 나이에 할 일을 못다 하고 일찍이 간 것이고
② 가족 부양의 책임을 못하고 간 것이고
③ 노부모 앞에서 먼저 간 것이고
④ 예수님을 그리스도로 믿지 않고 간 것이 몹시 마음이 아픈 것이었다.

사람은 누구나 다 먼저 가나 나중 가나 가게 되는 것이다. 유감없이 후회 없이 준비하고 가야 하는 것이다. 지금은 반세기가 지났지만 그때 일을 생각하면 지금도 잊을 수 없는 사건으로 마음속에 남아있는 아픔이다.

6km나 도보로 걸어가던 추운 겨울에 눈길에 형제의 쌍장례의 젊은 죽음의 행렬에 실신 상태로 몸을 가누지 못하고 양손을 붙들고 흐느끼며 따라가던 두 젊은 미망인의 모습과 침묵으로 흐르는 눈물을 머금고 이어진 행렬, 생각만 해도 아찔하고 마음이 무거워진다.

3
부산 당감동(화장장) 이야기

나는 부산에서 32년간 목회하면서 많은 결혼식 주례와 장례식 주례를 거행하였다. 그(관혼, 상례) 가운데는 희비극이 많았었다. 우리 주택에서 불과 한 시간 거리에 위치해 있는 화장장에 자주 갔다.

그 이유는 몇 가지가 있었다.

① 연고자의 장례 주례를 위하여 가게 되었고
② 생과 사를 연구하기 위하여 가게 되었고
③ 불평 불만자를 교육하기 위하여 대동하였고
④ 인간 육체의 무상함을 실감케 하는 교육의 현장으로 자주 가곤 하였다.

그런데 화장하는 현장에 가서 보면 놀라운 사실이 한두 가지가 아니다. 넓은 화장장 홀 안에는 시체를 태우는 많은 화구들이 둘러 있었다. 시체가 다 타고 화구가 열리면 벌겋게 탄 유골을 끌어낸다. 다음 차례를 기다리던 관이 로라에 실려서 사정없이 뜨거운 불이 타는 화구 깊숙이 인부의 긴 쇠갈고리에 밀려들어간다. 유가족과 친척들은 통곡하고 울다 쓰러져 기절도 한다. 목탁소리, 염불소리, 찬송소리, 수라장으로 정신이 없다.

그리고 유골을 처리하는 화부들은 불집게로 불이 뻘건 유골을 집어 담배에 불을 붙인다. 불이 다 탄 유골을 쇠절구에 찧어서 나무상자에 넣어 흰 보자기에 싸서 상주에게 넘긴다. 제왕도, 영웅도, 호걸도, 부자도, 죽음 앞에는 평등한 것이다. 또한 사자는 말이 없는 것이다.

유골을 건네받은 상주는 바다로 혹은 산으로 가서 바람에 날려 뿌린다. 혹은 산에 가서 땅속에 묻거나 불교신자들은 절에 안치한다.

나는 어느 무더운 여름날 장례식을 위하여 화장막에 갔다. 역시 많은 주검의 영구차 행렬이 이어졌다. 영안실에 유해를 안치하고 유가족과 친척과 교우들이 둘러서서 마지막 보내는 고별 예배를 드렸다. 예식을 마친 후 화구 앞으로 유해를 옮기었다.

얼마 후 인부가 유해를 옮기는 로라를 끌고 왔다. 유해를 옮겨 실은 후 비어 있는 화구로 끌고 가서 상주와 친척과 교우들이 지켜보는 가운데 화구 문을 열었다. 뜨거운 불 속에 깊숙이 쇠갈고리로 넣었다.

타는 시간은 한 시간 20분이 걸린다고 하였다.(성경 벧전 1:24-25)

모든 육체는 풀과 같고 그 모든 영광이 풀의 꽃과 같으니 풀은 마르고 꽃은 떨어지되 오직 주의 말씀은 세세토록 있도다 하였으니 너희에게 전한 복음이 곧 이 말씀이니라고 하였다.

인간생활에 중요한 세 가지 조건이 있다.

첫째는 '의식주' 생활대책이 제일 시급하고 중요한 것이다.

둘째는 '노후 대책'이다. 그래서 생명 보험이니 은급 보험이니 하는 여러 가지 저축, 적금으로 준비를 한다.

셋째는 '사후 대책'이다. 누구를 막론하고 죽음은 피할 수 없다. 그것을 알면서도 사후 대책은 세우지 않는다. 죽으면 그것으로 끝나는 줄로 생각할 뿐 사후 문제에 관심을 가지고 준비하는 사람은 많지 않다. 고작 한다는 것이 장례 절차에 쓰여지는 상주계나 상조회에 드는 사람은 많이 있는 것을 본다. 이는 육체를 위한 장례식의 비용이고 내세 영혼을 위한 준비는 모두가 소홀히 하는 데 문제가 있다.

이미 고인이 되었으나 지난날의 황해도 재령의 정찬유 장로님이나, 서울에 장세환 장로님의 신앙생활을 생각하여 본다. 그의 일생은 하나님의 영광을 위한 충성되고 진실한 하나님의 청지기로서 하나님이 맡겨주신 많은 재산을 하나님의 영광(제3세 교육 기관과, 성전 건축과, 사회사업)을 위하여 일생을 마치고 떠나신 하나님의 청직이로서 충성하다가 가시었다.

어느 날 장례식을 위하여 당감동 화장장을 갔다. 모든 예식을 마치고 어떤 여대생이 눈물을 닦으며 다가왔다.

"목사님, 저는 이대 학생입니다. 금번 여름방학을 기하여 몇 명 졸업반 학생들이 기념으로 해운대 해수욕 겸 부산 여행을 왔습니다. 그런데 해수욕을 하다 심장마비로 친구 하나가 그만 세상을 떠났습니다. 목사님, 부산은 객지라 아는 사람이 없습니다. 목사님, 오셔서 친구 마지막 가는 길을 위하여 기도해 주시기 바랍니다."

목사의 사명인지라 나는 따라가서 죽은 여대생의 이름과 나이를 묻고 화구에 도착하였다. 인부는 다 탄 여대생의 유골을 화구로부터 끌어내고 있었다. 여대생의 유골은 뻘건 숯덩이같이 불타고 있었다. 주위에는 여대생 4,5명과 중년 여인과 50대의 한 남자가 울고 있었다.

나는 알지도 못하는 여대생의 죽음을 애도하며 가족과 친구들을 위로하고 세상을 떠난 여대생의 영혼을 하나님께 간절히 영원한 나라에 안식되기를 부탁하는 기도를 드렸다.

대학 졸업을 앞둔 24세 꽃 같은 여대생, 희망도 펼쳐보지 못하고 떠나간 여대생 소중한 보물을 잃어버린 듯 마음이 텅 비었고 서운해졌다.

　인간은 모두 왔다 떠나가는 것이다. 그래서 인생은 나그네라고 하였다. 어디를 향하여 떠나고 있으며 종착역은 어디인가가 문제이다.

　수많은 갈림길? 목적지가 되는 종착역을 향하여 유혹의 길에 들지 말고 이정표를 보고 앞으로 앞으로 쉬지 말고 달려감으로 우리가 바라던 종착역에 도착하여야 영원한 내 집에서 안식하게 된다.

　종착역이 분명하지 못한 인생, 이정표 없이 자기 멋대로 기분 따라 떠다니는 부평초 같은 인생, 마지막 가는 종착역은 지옥 형벌이 기다릴 뿐이다. 그런 고로 인생은 살아있는 동안에 사후대책을 준비하고 살아야 한다.

4
교회 못나가게 아내 머리까지 잘랐던 남편이 회개하고 장로가 되다

부산 부암교회에서 사무할 때 지은식 장로님의 일가족 9명이 교회 출석하는 대식구가 있었다.

그는 서면 시장에서 장사를 하는 상인이었다. 7남매는 전부 공부를 하고 두 내외는 시장에서 밀가루와 설탕 도매를 하며 몹시 고달프고 바쁜 장사를 했다. 부인만 먼저 교회 다니고 아이들도 주일학교에 보냈다고 하였다.

그런데 문제는 일손이 모자라는 바쁜 생활에 주일날 장사를 하지 않고 교회 나가는 부인의 처사가 이해가 안 되었다. 여러 번 장사를 돕고 교회는 다음에 돈 좀 모아서 사람 두고 일할 때 나가라고 종용하였으나 말을 듣지 아니하였다.

남편은 온갖 폭행과 핍박을 했다. 문과 대문도 밖으로 잠그고 감금도 해보았다. 그러나 교회를 향하는 부인의 신앙은 꺾을 수가 없었다.

　참고 견디다 못한 마지막 방법은 아내의 머리를 깎아버리면 교회를 못 가겠지 생각하고 주일날 아침에 강제로 머리카락을 가위로 잘라 버렸다고 하였다. 그리고 쇠 대문을 밖으로 잠가버리고 이제는 교회 못 가겠지 생각하고 상점에 나갔다.

　그러나 부인은 깎은 머리에 수건을 쓰고 사다리를 타고 울타리를 넘어 교회에 나가 '교회를 핍박하고 박해하는 남편을 용서하고 회개하고 하나님의 아들이 되게 해 달라'고 눈물로 간절히 기도를 드렸다.

　주일 예배만 빠지고 평소에는 남편을 도와 열심히 장사에 힘썼다. 아이들도 잘 자라 어머니 편이 되었다. 부인은 지난 일은 아랑곳없이 남편을 정성껏 받들었다.

　어느 날 교회에서 부흥성회가 있었다. 남편에게 같이 가자고 권하였더니 그럼 같이 가서 구경이라도 하자고 따라나섰다고 하였다. 며칠 동안 밤마다 마칠 때까지 나갔다고 하였다. 많은 변화를 가져왔다.

　차차 마음의 문이 열리고 예수님을 그리스도로 영접하게 되었다. 그리고 주일은 가게 문을 잠그고 열심히 신앙생활에 몰두하였다. 그 당시(70년대)는 자가용차가 없을 때였다. 남편은 부인을 오토바이 뒤에다 태우고 열심히 교회 예배와 이웃 교회 부흥회에까지 출석하였다. 그리고 집사, 권사, 장로가 되고, 부인도 권사로 교회 충성하였다. 교회와 상가에서는 잉꼬부부라고 소문이 났다.

확실한 진리는 예수를 믿으면 인생관이 달라지고 생활 철학이 달라지고 가치관이 달라지고 운명이 달라진다는 사실이다. 일시적인 땅위의 영욕을 버리고 소망을 영원한 하늘나라에 두어야 한다.

성경 '갈 5:24'에 그리스도 예수의 사람들은 육체와 함께 그 정과 욕심을 십자가에 못 박았느니라. 하였고 '갈 5:22-23'에는 오직 성령의 열매는 사랑과, 희락과, 화평과, 인내와, 자비와, 양선과, 충성과, 온유와, 절제라고 하였다.

하나님의 자녀로 변하면 인격이 완전히 변화되어 가치관이 달라진다. 그의 부인 김황해 권사님의 신앙이야말로 대단하였고 본교회 신앙의 사표가 되었고 그 완고한 박해자 남편을 회개시켜 하나님의 종 장로가 되게 하기까지 충분하였다.

신앙의 용사이고, 기도의 용사이고, 신유의 은사를 받은 권사로 충성하였다. 철야기도의 대장과 심방 특공대 대장으로 교회 모든 일에 충성하였다. 지난날 중병에 여러 번 죽을 뻔하였으나 단식만 며칠 하고 교회에 나와 기도만 하면 기적같이 병이 완치가 되었다. 의사들도 놀라워하였다.

6.25 동란 당시 7남매를 키우며 장사를 하며 실로 눈코 뜰 사이가 없었다. 그 동안 7남매 모두 성장해서 사회생활

의 자립을 하였다. 이제는 80세가 넘어가는 노후에 생활을 양주 두 분이 경기도 용인시에서 교회 충성하며 매일매일 후회 없는 생활로서 영광의 안식처 하나님 나라를 사모하며 조용히 신앙생활을 하고 있다.

인간의 한평생 생활이란 길어서 100년의 인생인데 아무 후회 없이 값지게 빛을 남기고 세상을 떠나가느냐에 중점을 두고 살아야 한다.

모든 사람에게 사랑과 덕을 세우고 모든 사람이 아까워하는 여운을 남기고 떠나야 한다.

그런데 세상에는 그렇지 못한 사람들이 많다. 남에게 괴롬과 손해를 주고 사는 사람, 중상과 모략과 거짓말 사기꾼이 허다하다. 형무소는 만원이고 마음을 놓고 안심하고 살 수가 없는 세상이 되었다.

이 모두가 죄악에 오염되고 막가는 말세의 현상이라고 하겠다. 참된 사람이 되려면 인간은 모두 하나님을 두려워하고 천심의 양심을 지켜야 한다. 하나님의 공의와 심판을 믿고 신앙생활에 만전을 다해야 승리자가 된다.

헛된 세상에 소망을 두지 말자.

모두가 바람을 잡는 헛된 꿈이다.

거룩한 순교자

2018년 7월 20일 1판 1쇄 인쇄
2018년 7월 25일 1판 1쇄 발행
저 자 지효봉 이중택
발행자 심혁창

발행처
도서출판 한글
04116 서울특별시 마포구 신촌로 270(아현동)
수창빌딩 903호
☎ 363-0301 / 362-8635
FAX 362-8635
E-mail : simsazang@hanmail.net
창 업 1980. 2 .20
이전신고 제2018-000182
▲ 파본은 교환해 드립니다
정가 13,000 원
*
ISBN 97889-7073-550-4-83230